KB047710

행복수업

이 책은 가톨릭꽃동네대학교의 2019년 교내연구비지원을 받아 저술되었음.

행복수업

자기 감정의 관리자되기

박상규 저

학지사

머리말

행복을 아는 사람은 행복하다. 행복을 제대로 알지 못하기에 불행한 사람이 많다.

행복이 외부 조건이나 어떤 상황에 달려 있다고 생각하면 대부분의 사람은 많은 시간을 고통 속에서 보내게 된다. 하지만 어떤 상황에서도 지금의 자기를 주시하고 받아들이면 편안해진다. 자기를 주시하면 폭풍 가운데서도 평화를 유지할 수 있다.

지금 비가 내리더라도 하늘의 구름 너머에는 둥근 달이 항상 빛나고 있다. 하늘의 구름이 사라지면 달이 그대로 떠 있음을 알 수 있듯이 욕심과 집착을 줄이면 자기의 참모습을 만난다.

'지금 이만해도 다행이다.'라고 여기면서 감사하면 행복하다. 몰입할 수 있는 건전한 일을 찾아서 자주 몰입하는 것도 행복감을 높인다.

10년 전에 출판된 『행복 4중주』에서는 행복을 신체 건강, 심리적 건강, 대인관계, 영적 요인이 조화를 이루는 상태로 설명하였다.

이 책은 『행복 4중주』에 기반을 두고 행복감을 증진시킬 수 있는 구
체적인 기술을 살펴본 것이다. 건강과 행복, 스트레스 관리하기, 중
독과 자기조절, 자기에 편해지기, 즐거운 일상, 만족스러운 삶, 대인
관계 잘하기, 감사, 용서, 영성과 삶의 의미, 마음챙김과 자비수행,
행복한 사람이라는 열두 가지 주제로 이 책을 엮었다.

　　신체 건강, 자존감, 관계 형성, 감사, 용서, 삶의 의미, 마음챙김
과 자비수행 등이 행복과 관련된다는 연구물과 저서는 많이 출간되
고 있으나, 지금 이 순간 행복할 수 있는 기술을 구체적으로 다룬 책
은 많지 않다. 이 책은 학생들이 수업 중에 토론하고 발표한 행복의
기술을 총체적으로 다루고 있어 독자는 행복의 기술들 중에서 자
신에게 정말 도움이 될 수 있는 것을 선택하여 효과를 검증해 볼 수
있다.

　　대학생을 대상으로 한 '행복과 건강심리학' 수업 과정은 총
12강좌로 구성되어 있다. 진행 절차는 먼저 3분간 호흡 마음챙김을
한 후에 주제와 관련된 강의, 학생들의 토의 및 발표, 행복의 기술을
요약하는 순서로 진행된다. 이 책을 읽어 본 독자는 알겠지만, 여러
주제에서 마음챙김이 강조되고 있다. 특히 학생들이 제안한 행복의
기술에서도 매 장마다 마음챙김이 반복적으로 제시된다. 학생들은
행복하기 위해서는 마음챙김을 해야 함을 체험했다.

　　이 책은 행복심리학을 연구하고 이를 대학생에게 강의한 내용
을 중심으로 집필했다. 연구자들이 한 학기 동안의 행복수업을 진

행하고 수업의 효과를 알아본 연구 결과, 행복수업을 마친 학생들은 수업 전에 비하여 행복감과 자존감이 유의하게 향상된 것으로 확인되었다. 이 책은 대학생은 물론이고 우리 사회의 많은 분이 평안하기를 바라는 마음으로 썼다.

이 책이 나오기까지 많은 분이 도움을 주었다. 특히 원고를 꼼꼼히 읽고 정리해 준 가톨릭대학교 박사과정생인 김혜린 수녀님, 편집에 도움을 주신 김순호 이사님, 우리 사회의 행복 증진에 기여한다는 의미로 출판을 도와주신 학지사 김진환 대표님께 깊이 감사드린다.

2020. 3.
박상규

차례

01
건강과 행복

\<3분 호흡명상\>

지금부터 약 3분간 호흡명상을 하겠습니다.
먼저 허리를 똑바로 세우십시오.
고개는 들고, 어깨와 몸의 힘을 빼십시오.
부드럽게 눈을 감고 몇 차례 깊고 길게 호흡합니다.
이번에는 평소와 같이 호흡하면서
코끝에서 숨이 들어오고 나가는 것을 알아차립니다.
숨이 들어오면 들어오는 것을 알아차리고,
나가면 나가는 것을 알아차립니다.
중간에 어떤 생각이 떠오르면 그 생각을 알아차리며 다시 호흡에 집중합니다.

1. 몸은 내가 아니다

"몸은 내가 아니다." 혜암 스님의 말씀이다. 자기 몸의 상태를 알아차리면서 몸을 잘 관리해야 한다. 몸에 집착하지 않으면서도 몸에 관심을 갖고 잘 관리하는 것이 자기 사랑의 기본이고 자기와 가족에 대한 책임이다. 몸이 건강하지 않으면 자기 성장도 어렵고 타인을 제대로 사랑할 수 없다. 건강하게 천수를 다하는 것이 진정한 행복이고 가족을 사랑하는 것이다.

📖 S씨는 두 자녀를 둔 50대 가장이며 중견 기업의 대표이다. 지역사회에서 널리 알려진 사업가로 주말도 없이 회사에 나가 밤늦게까지 일하곤 한다. S씨는 업무 스트레스를 술과 담배로 풀곤 하였다. 어느 날 오후 중요한 회의 시간에 회의를 주재해야 할 회사 대표가 나타나지 않자 직원이 황급히 사무실로 찾아갔다. 직원은 사무실에 쓰러진 S씨를 발견하고 119에 연락하여 가까운 병원으로 옮겼지만, 병원에 도착했을 때 이미 그의 심장은 멈추어 있었다.

매 순간 우리 몸은 변하고 있다. 자기 몸의 변화에 관심을 갖지 않고 방치하다가 큰 병을 얻는 사람도 있고, 몸의 쾌락에 집착하여 살다가 불행하게 삶을 마치는 사람도 있다. 건강할 때라도 자기 몸을 잘 주시하면서 관리해야 한다.

'지금 나는 내 몸을 잘 관리하고 있는가?' '지금 내가 하는 일이 건강에 도움이 되는가?' '내가 건강하기 위해서 지금 무엇을 해야 하는가?' '건강을 위해서는 무엇을 하지 않아야 하는가?' 등을 자주 성찰하면서 건강에 나쁜 행동은 하지 않고, 건강에 도움이 되는 행동을 실천해야 한다.

건강은 건강할 때 지켜야 한다

많은 사람이 건강할 때는 건강에 별로 관심이 없다가 건강에 적신호가 오거나 병을 앓으면 그제야 건강의 소중함을 알고 후회한다. 명심해야 할 것은 건강할 때 자신의 건강에 감사하면서 건강을 잘 챙겨야 한다는 점이다. 인생이라는 마라톤에서 완주하기 위해서는 평소에 건강을 잘 관리해야 한다. 행복을 원한다면 돈이나 명예, 권력보다 건강을 더 우선적으로 생각하면서 잘 관리해야 한다.

당장 오늘부터 건강에 해로운 것은 멀리하면서 건강 증진에 도움이 되는 것을 한 가지씩이라도 실천하자. 담배나 지나친 술을 삼가며 건강에 좋은 운동과 영양분 있는 식사를 규칙적으로 해 보자. 몇 시간 동안 계속 일하기보다는 50분 정도 일하다가 쉬거나 운동을 한다. 또 하루에 30분이라도 산책이나 운동을 한다. 일정한 시간에 기상하는 것, 일정한 시간에 잠자는 것, 일정한 시간에 식사하는 것 등을 지키는 것도 건강에 도움이 된다.

건강을 위해서는 자기 몸의 상태를 알아차리면서 자주 몸과 대화해야 한다. 신체감각을 자주 알아차리면 자기 몸을 보호할 수 있다. 후각과 미각, 촉각 등은 해로운 것과 이로운 것을 구별하는 정보를 제공하고, 통증은 유기체가 외부 세상에 대한 주의와 관심을 신체로 돌려서 보호와 회복을 위한 행동을 하도록 한다(김완석, 2019).

자기 몸 상태를 알아차리는 방법 중 하나는 조용한 곳에서 앉거나 누워서 머리끝에서 발끝까지 몸의 각 부위의 감각을 천천히 관찰하는 것이다. 몸의 한 부위 한 부위를 존중하는 마음으로 바라보고, 몸의 각 부위에 주의를 보낼 때 정성을 다하면서 몸의 표면뿐만 아니라 안쪽까지 입체적으로 느껴 본다. 정수리부터 시작하여 왼쪽 발, 오른쪽 발까지 몸 전체와 대화하는 마음으로 몸의 상태를 느껴 본다(김정호, 2016).

몸과 자주 대화하여 자기 몸이 바라는 것을 잘 들어야 건강에 도움이 된다. 3분이라도 일정한 시간을 정하여 자기 몸과 대화하면 몸과 마음이 편안해지고 자존감도 올라간다. 몸의 느낌을 자각하는 것은 마음을 이해하는 기본이다. 자기 몸 상태에 관심을 두고 변화를 잘 알아차려야 자기 마음의 변화도 잘 알아차릴 수 있으며, 다른 사람의 마음도 잘 볼 수 있다. 석명 한주훈 선생은 "사람이 이웃을 제 몸같이 사랑하려고 하지만 잘 안 되는 이유는 눈에 보이는 자기의 몸도 제대로 사랑하지 못하기 때문이다."라고 말하였다. 그만큼 자기 몸의 변화부터 잘 알아차리고 사랑할 수 있어야 자기를 제대로 사랑할 수 있으며 자연스레 타인도 배려할 수 있다. 가족이나 주변 사람을 배려하기 위해서도 지금 내 몸의 상태가 어떤지, 내 몸이 원하는 것이 무엇인지를 잘 알아야 한다.

마음가짐은 몸 상태에 영향을 준다. 그래서 가족이나 친구 등 가까운 사람에게 자기의 감정을 잘 표현하면 마음이 편안해지고 신체 건강이 좋아진다. 또 다른 사람에게 봉사하는 것도 개인의 건강을 좋게 한다.

사랑의 힘은 건강을 좋게 한다. 외로운 사람보다 다른 사람의 입장을 배려하고 사랑하는 사람이 더 건강하다. 지금 사랑할 사람이 없으면 반려동물이나 식물을 사랑해 보라. 긍정적인 마음가짐은 건강에 도움이 된다.

당연하지만 행복은 신체 건강과 관련된다. 의과대학생을 대상으로 한 연구에서 행복의 태도를 안락형, 자기만족형, 인정형으로 구분하였는데, 이 중 대학생의 행복 태도를 가장 많이 설명하는 유형은 안락형이다. 이들은 몸과 마음이 편안할 때 행복을 가장 많이 느끼는 사람이다(김균무, 조계화, 2013). 행복하기 위해서는 몸이 건강하고 마음이 편안해야 한다. 몸을 너무 방치하거나 몸에 지나치게 집착하는 것 모두 건강과 행복에 좋지 않다.

건강할 때부터 자기 몸 상태에 깨어 있으면서 몸을 잘 관리해야 행복감이 더 오래 지속된다.

2. 마음은 몸의 운전사

몸과 마음은 자동차와 운전사의 관계와 같다. 몸이 자동차라면 운전사는 마음이다. 좋은 운전사는 늘 자기 차의 상태에 관심을 가지고 점검하면서 목적지까지 편안하게 운전한다. 운전사가 자동차를 잘 관리하면서 운전하듯이 자기 몸을 잘 관리하여 바라는 삶의 목표를 이루어야 한다. 병에 걸리더라도 병을 그대로 수용하면 마음이 편안해지고 면역력이 높아져 회복에 도움이 된다. 개인이 긴장되고 불안하면 몸에서 코르티솔과 같은 나쁜 물질이 분비되어 면역력을 떨어뜨리면서 감기에서부터 암에 이르기까지 여러 질병에 취약해진다.

부정적인 감정을 잘 관리하는 것도 신체 건강에 기여한다. 분노는 심장병, 고혈압이나 암 등 다양한 질병을 일으킨다. 심리검사 점수에서 적개심 점수가 상위 20%에 속하는 사람은 하위 20%에 속하는 사람에 비해 심장병이나 암과 같은 각종 질병으로 조기 사망할 위험률이 42%나 더 높다고 한다(장현갑, 변광호, 2005). 마음속에서 분노가 일어날 때는 '분노가 일어나네!' 하면서 이를 알아차리고 수용하면서 분노를 잘 관리할 수 있어야 한다.

불안하거나 초조할 때 마음에서 일어나는 자기 감정의 변화를 잘 알아차려야 한다. 자기 감정을 관찰하면 마음이 안정되고 몸도 이완되어 건강에 도움이 된다. 사람의 몸과 감정은 함께 움직이기 때문에 감정의 흐름이 몸의 변화에 그대로 나타난다. 몸과 마음은 차원이 다르고 드러나는 방식이 다를 뿐 본질은 같은 것이어서 자기 몸을 잘 관찰하면 그와 관련된 감정을 느낄 수도 있다. 몸의 어떤 부위가 굳어 있는지를 느낄 수 있으면, 그와 관련된 마음이 경직되어 있음을 알아차릴 수 있다. 자기 몸과 마음의 상태를 의식적으로 떨어져서 관찰하려고 노력하는 만큼 건강 상태도 좋아진다.

몸과 마음에 힘을 빼면서 살아가는 것도 건강한 삶의 태도이다. 나는 젊었을 때 오랜 기간 검도를 배웠다. 검도를 배울 때 사범에게 "몸에 힘을 빼라."는 말을 여러 번 들었다. 그 말대로 몸의 힘을 빼고 타격해야만 제대로 성공할 수 있다. 무엇을 하든 긴장을 풀고 자연스럽게 해야 한다. 몸의 힘을 빼듯이 마음의 욕심을 줄이면서 자연스럽게 순리에 맞추어 살아가는 것이 현명하다.

일을 할 때 과로하는 습관이 있다면, 자신이 지나치게 일에 빠지는 동기가 무엇인지를 성찰해야 한다. 자신이 왜 무리하게 일을 하려고 하는지, 책임감 때문인지 아니면 인정받고 싶은 욕심 때문인지 스스로에게 묻고 대답하면서 건강을 우선으로 생활해야 한다. 자기 체력 이상의 일을 하려는 것은 욕심 때문일 수 있다. 석명 한주훈 선생은 행복한 삶을 위해서는 자기 에너지의 70% 정도만 사용하는 것이 좋다고 하였다. 나머지 30%는 자기를 돌보기 위해서 남겨 두어야 한다. 어느 정도 여유를 남겨 두고 생활하는 것이 인생이라는 마라톤을 행복하게 완주하는 방법이다.

무슨 일을 하든 억지로 하지 말아야 건강을 유지하면서 성과를 높일 수 있다. 현명한 사람은 많은 시간을 일하는 것보다는 효율적으로 일하는 사람이다. 자기 몸의 상태에 깨어 있고, 의식적으로 건강을 스스로 관리하려는 생각을 해야 한다. 평소 자기 몸이 자기에게 하는 말을 외면하면 나중에는 후회해도 늦을 수 있다. 비록 지금 건강이 좋지 않더라도 자신의 건강을 있는 그대로 받아들이고 '내가 이 병을 잘 이겨 낼 수 있다.'라고 믿으면서 회복을 위해 노력하면 건강이 좋아지는 경우가 많다. 질병에 걸려 있더라도 자신의 병을 잘 받아들이면 마음이 편안해지고, 마음이 편안해지면 면역 기능이 좋아져서 회복될 확률이 높아진다. 암에서 회복된 어떤 분은 "내 병을 잘 수용하고 기도하면서 회복을 위해 노력하였기에 기적이 일어난 것 같다."고 고백했다.

📖 L씨는 최근에 몸 상태가 좋지 않아 병원을 방문하였다. 정밀검사를 시행한 결과, 암으로 확인되었다.

L씨는 처음에는 죽음에 대한 공포와 가족에 대한 책임감으로 불안했다. 그러나 차츰 자신의 병을 인정하고 받아들이면서 병의 특성이나 치료와 관련된 정보를 적극적으로 모으기 시작하였다. 몸에 좋은 식품을 찾아 먹기 시작하였으며 규칙적으로 운동하였고, 자주 기도하였다. 약 3개월이 지난 다음에는 자신의 신체 건강이 좋아지고 있다는 것을 스스로 느낄 수 있었다. 병원에서 검사한 결과, 담당 주치의는 "암의 크기가 매우 작아졌고

다른 곳으로 전이되지 않아 수술만 하면 앞으로 걱정이 없겠
다."며 L씨를 격려하였다.

힘들 때일수록 희망과 자신감을 가져야 한다. '잘 치료될 것이
다.'라고 믿으며 치료받으면 치료의 효과가 높아진다. 병이 있을 때
는 앞으로 '병이 나으면 좋겠다.' 생각하는 대신에 '지금 회복 중이
다.' '점점 좋아지고 있다.' 등의 적극적인 마음 자세를 가지면 몸도
그에 따라 반응한다.

병을 앓더라도 어떤 태도를 보이는가가 회복에 영향을 미친다.
많은 사람이 병 자체에 의해 사망하기보다는 병으로 인한 두려움
때문에 일찍 사망하기도 한다. 혹시 지금 건강이 좋지 않더라도 자
기 몸 상태를 그대로 인정하면서 회복을 위해 노력하면 변화가 일
어날 수 있다. "호랑이에게 물려 가도 정신만 차리면 산다."는 말이
있듯이 어떤 병에 걸리더라도 병을 있는 그대로 받아들이고 잘 대
처해야 한다.

📖 H씨는 가족의 생계를 위해서 열심히 살아온 50대 가장이
다. 몇 년 전 회사 사정으로 먼 곳에 있는 다른 직장으로 전근

하고부터 일이 많아지고 스트레스를 많이 받게 되었다. 어느
날 몸이 불편하여 병원에서 진료를 받은 결과, 암 판정을 받았
다. 처음에는 자신이 암에 걸렸다는 사실을 받아들이지 못하
고 공포에 휩싸였으며 남은 가족 부양에 대해서도 걱정하였다.
하지만 얼마 되지 않아 사실을 있는 그대로 받아들이고 치료를
위해 최선을 다하기로 마음먹었다. 지금은 수술을 잘 받고 회
복 중이다. H씨는 암에 걸린 후부터는 이전에는 느끼지 못하
였던 건강한 것에 대한 감사, 가족에 대한 감사, 신에 대한 감
사를 자주 표현하게 되었으며 병을 통해 자신이 영적으로 한층
성장함을 깨닫게 되었다고 말했다.

퀴블러 로스(Elisabeth Kübler Ross)는 사람이 병에 걸렸을 때 대
부분 5단계의 과정을 거친다고 한다. 첫 번째는 자신의 병을 부정하
는 단계, 두 번째는 분노의 단계, 세 번째는 타협의 단계, 네 번째는
우울의 단계, 마지막은 수용의 단계이다. 병을 있는 그대로 수용할
때 비로소 회복의 기적이 일어날 수 있다. 있는 그대로의 자신의 몸
상태와 감정을 받아들이면서 질병이 주는 의미를 생각하면 마음이
좀 더 편안해진다. 지금 내가 어떤 병에 걸렸다면 자신이나 다른 사
람을 탓하거나, 병을 부정하기보다는 현실을 있는 그대로 받아들이
고, 그 상황에서도 감사할 일을 찾아봐야 한다. 병은 인간에게 고통

이라는 수업료를 받고 지혜를 준다. 병을 가짐으로써 평소에 보지 못하고 깨닫지 못하였던 것을 자각하고 지혜를 얻을 수 있다.

신체 건강은 개인의 성장과 발전의 기본이 된다. 신체가 건강하지 않으면 자신감이 줄어들고 의욕이 떨어진다. 몸이 건강해야 다른 사람을 잘 배려하고 도울 수 있다.

❖ 나 자신을 건강하게 꽃 피우는 것은 나에 대한 책임이고 가족에 대한 사랑이다.

3. 건강 관리의 기술

건강 관리는 하나의 기술이면서 삶의 태도이고 생활습관이다. 건강하기 위해서는 마음을 편안하게 가지는 것, 자주 걷고 물을 많이 마시는 것, 음식을 천천히 씹어서 먹는 것, 배를 따스하게 하는 것, 스트레스를 잘 관리하는 것, 일정한 시간에 일어나고 자는 것, 일정한 시간에 식사하는 것, 규칙적으로 운동하는 것 등을 실천하여야 한다. 여기서는 건강에 도움을 줄 호흡명상, 자세 바르게 하기, 운동이나 영양 관리, 생활습관을 바꾸는 것 등을 살펴볼 것이다.

◉ **호흡명상과 호흡 관리하기** 호흡은 우리가 살아가는 데 가장 중요한 요소이면서 몸과 마음의 중간 단계이다. 들이쉬고 내쉬는 호흡을 잘 관찰하는 것만으로도 몸과 마음이 편안하고 건강해진다. 건강에 좋은 호흡법으로 내 쉬는 숨을 길게 내뿜는 장출식 호흡법이 있다. 호흡을 길고 자연스럽게 하면 건강에 도움이 될 뿐만 아니라 몸과 마음을 이완시키고 침착하게 해 준다(차경남, 2016).

자기 호흡을 잘 알아차리고 관리하면 건강에 도움이 된다. 들숨과 날숨을 알아차리는 것은 마음을 편안하게 하며 집중력을 향상시킨다. 호흡을 잘 관리하면 마음이 편안하고 몸에도 긍정적인 영향을 준다. 호흡이 깊고 길면 면역력이 향상되어 질병을 예방한다. 일상에서는 2~3분간이나마 자기의 호흡에 집중하거나 숨을 깊고 길게 내쉬어 보는 것도 건강에 도움이 된다.

◉ **자세 바르게 하기** 몸의 자세와 태도는 마음가짐에 영향을 미친다. 척추를 똑바로 세우고 가슴을 펴면서 몸에 힘을 빼는 자세는 마음을 편안하게 하면서 마음을 바로잡게 해 준다. 항상 자신이 척추를 똑바로 세우고 앉아 있는지, 서 있는지를 살펴보고 척추를 똑바로 세우는 것이 습관화되어야 한다. 길을 걸을 때도 몸 상태를 알아차리고, 척추를 똑바로 세우면서 힘차게 걸어야 한다. 의식적으로 자기의 신체 상태를 자각하면서 자세를 바로 해야 건강이 유지된다.

몸의 자세는 신체와 정신 건강에 영향을 미친다. 편안하게 앉아서 척추를 똑바로 펴는 습관은 몸의 건강뿐만 아니라 정신건강에도 중요하다. 척추를 곧추세우고 가슴을 펴면서 어깨나 몸의 힘을 빼고서 앉아 있는 자세를 점검하고 교정한다. 서 있을 때도 척추를 똑바로 세우고 서 있으면 마음이 안정된다. 걸을 때도 아이들이 걸어가듯이 다리를 쭉 펴면서 어느 정도 팔을 흔들어 가면서 걷는 것이 좋다. 자세만 올바로 해도 여러모로 건강에 도움이 된다.

◉ **규칙적으로 운동하기** 규칙적이고 지속적인 운동은 신체의 건강을 좋게 할 뿐 아니라 스트레스를 해소하고 자신감을 높이며 주의집중력을 향상시킨다. 약간 땀이 날 정도의 유산소 운동을 일주일에 다섯 번 이상 규칙적으로 하면 건강이 좋아진다. 나이가 들수록 유산소 운동과 함께 근력 운동을 같이 하면서 공기가 좋은 산 등에서 자주 휴식을 취하는 것이 좋다. 운동은 면역력을 강화해서 질병에 걸리지 않게 하고 건강을 증진한다. 운동이 효과가 있으려

면 규칙적이고 지속되어야 한다. 지속적인 운동은 행복감에도 영향을 미친다(이계윤, 송현종, 2013).

운동은 무리하기보다는 자기 몸에 적절하게 하는 것이 좋다. 일주일에 5일 정도, 일정한 시간과 장소에서 규칙적으로, 땀이 날 정도의 유산소 운동을 한다. 미세먼지나 초미세먼지가 많은 날은 야외보다는 실내에서 할 수 있는 재미있는 운동을 찾아 즐긴다.

◉ **영양분 있는 음식 적절하게 먹기** 공기, 물, 음식 등이 건강에 미치는 영향도 적지 않다. 건강에 좋은 식물성 단백질이나 사과, 배, 견과류 등의 과일, 당근, 양배추, 시금치 등 채소를 자주 섭취하고 몸에 나쁜 알코올이나 담배 등은 멀리해야 한다. 알코올이나 니코틴 등의 중독성이 강한 물질은 일시적으로는 쾌감을 줄 수 있으나 내성과 금단으로 중독에 빠지게 한다. 같은 기분을 느끼기 위해서는 양이 많아지고 횟수도 늘려야 하기에 결국 건강을 해치고 주변 사람을 힘들게 한다.

맛있는 음식이라도 적절히 먹어야 한다. 맛보다는 자기에게 필요한 영양분이 있는 음식이 좋다. 체질에 따라 자기 몸과 건강에 유익한 음식이 있다. 동물성 단백질보다는 식물성 단백질을 많이 섭취하고, 신선한 채소와 과일을 자주 먹는다. 음식은 과식하지 않도록 주의해야 하며, 식사할 때는 식사에 집중하면서 오랫동안 천천히 씹어서 먹는다.

◉ **자기 몸을 주시하고 몸과 대화하기** 지금-여기 자기 몸을 떨어져서 보면서 자기 몸 상태가 어떤지를 살핀다. 편안하게 눕거나 앉아서 몸의 각 부위에 주의를 보낸다. 몸의 느낌에 주의를 보내다가 다른 생각이 떠오르면 이를 알아차리고 다시 몸의 각 부위에 주의를 보낸다. 정수리에서부터 발끝까지 몸의 내장기관을 포함해서 주의를 보낸다.

◉ **요가, 라인 댄스, 108배 등 심신에 건강을 주는 운동하기** 요가는 몸과 마음을 조화시킬 뿐 아니라 건강에도 도움이 된다. 몸을 긴장시키고 이완시키는 것을 반복함으로써 마음이 안정된다. 요가의 특정한 몇 가지 자세를 반복해도 건강에 크게 도움이 된다.

여러 사람이 줄을 지어 춤추는 라인 댄스 등과 같은 춤추기는 운동이 되면서 스트레스를 해소하고 즐거움과 유대감을 준다.

하루에 108배 이상 절을 하는 것은 정신의 건강뿐만 아니라 신체 건강에도 좋다. 108배는 유산소 운동, 근육 운동이 결합된 복합 운동이다. 절을 할 때는 올바른 자세와 호흡으로 하면 더 효과적이다(박원자, 2019). 종교가 다르더라도 자기가 원하는 지향을 두고 절을 하면 건강 증진에 도움이 된다.

◉ **배를 따뜻하게 하기** 배가 차가우면 건강이 좋지 않다. 배가 따뜻하면 면역력이 높아지고 건강이 좋아진다. 단전호흡 등은 배를 따스하게 한다.

◉ **물을 많이 마시기** 물을 많이 마시면 혈액 순환이 잘되고 노폐물이 제거된다. 몸에 수분이 많아야 신진대사가 원활하고 체내의 독소도 잘 배출되며, 산소를 잘 운반한다. 하루에 대략 2L 정도의 물을 마시는 것이 좋다. 체질에 따라 더운물이나 찬물을 선택해서 마신다.

◉ **일정한 시간에 자고 일어나기 / 일정한 시간에 식사하기**
일어나는 시간과 잠자는 시간이 규칙적이어야 몸이 편안하다. 규칙적이며 적당한 수면은 건강에 도움이 된다. 수면이 부족하면 인지기능이 저하되고 면역력이 떨어지며, 심혈관 계통의 이상이 일어난다. 성인은 하루에 7시간 이상 잠을 자면 기분이 좋고 건강을 잘 유지할 수 있다. 일정한 시간에 식사하는 것도 건강에 유익하다.

◉ **마음 맞는 친구들과 자주 만나 대화하기** 마음이 즐거우면 몸이 좋아진다. 마음이 통하는 친구나 동료와 자주 만나 대화하는 것이 좋다. 자기의 감정을 다른 사람에게 표현함으로써 속이 시원해지고 마음이 편안해진다. 믿을 수 있는 친구나 상담자 등을 만나서 지금 자기의 감정을 잘 표현하는 것은 기분을 좋게 하고 힘을 얻을 수 있다. 식사를 같이하거나 차를 마시거나 산책하면서 대화를 나눈다.

◉ **자주 웃기** 웃음은 건강을 좋게 한다. 자주 웃는 것은 면역

력을 강화해 신체 건강을 좋게 한다. 일부러라도 자주 웃는 연습을 해야 한다. 특히 스트레스를 받거나 힘들 때는 의식적으로 웃어 보면 기분이 달라진다.

◉ **긍정적으로 사고하기** 건강을 위해서 마음을 기쁘게 가져야 한다. 사물을 볼 때도 긍정적으로 보며 기쁘게 살아간다면 건강에 도움이 된다.

◉ **건강에 대해 자신감 가지기** 건강하겠다는 마음과 자기가 건강을 잘 관리할 수 있다는 믿음이 중요하다. 점점 좋아지고 있다는 믿음을 가지고 적극적으로 노력하면 건강이 좋아진다.

◉ **음악 감상하고 노래 부르기** 음악은 호흡을 깊게 하고 맥박을 조절해 주면서 신체 건강에 좋은 엔도르핀 등을 분비한다. 특히 음악을 들으면서 운동하는 것은 기분을 좋게 하며 신체 건강에도 기여한다. 또 노래를 부르면 감정이 발산되는데, 이는 몸이 원활하게 기능하는 데 많은 도움이 된다.

◉ **기도하기** 힘들 때만이 아니라 좋을 때도 기도하면 마음이 안정되고 삶의 질이 높아진다. 또 자신의 병이 치료될 수 있다는 믿음은 건강에도 좋은 영향을 미친다. 기도를 통하여 마음이 편안해지고 위로를 받음으로써 건강에 도움이 된다.

토의 주제

O 나는 건강 관리를 어떻게 하고 있는가?

O 나의 건강을 위해서 좋은 방법은 무엇인가?

02
스트레스 관리하기

<3분 호흡명상>

지금부터 약 3분간 호흡명상을 하겠습니다.
먼저 허리를 똑바로 세우십시오.
고개는 들고, 어깨와 몸의 힘을 빼십시오.
부드럽게 눈을 감고 몇 차례 깊고 길게 호흡합니다.
이번에는 평소와 같이 호흡하면서
코끝에서 숨이 들어오고 나가는 것을 알아차립니다.
숨이 들어오면 들어오는 것을 알아차리고,
나가면 나가는 것을 알아차립니다.
중간에 어떤 생각이 떠오르면 그 생각을 알아차리며 다시 호흡에 집중합니다.

1. 스트레스 이해하기

고통은 바람이 흘러가듯이 지나간다. 낮과 밤이 연결되어 있듯이 우리 마음도 불안과 안정의 시간이 이어져 있다. 고통의 시간이 지나면 평안이 오듯이 평안과 고통은 서로 연결되어 있다. 우리의 삶도 화창한 날도 있고, 비가 내리는 날도 있다.

비가 내리더라도 비를 알아차리고 피하거나 즐길 수 있듯이 우리의 삶에서 만나는 스트레스를 잘 알아차리면서 즐길 수도 있고, 스트레스를 스승으로 삼을 수 있다.

스트레스를 삶의 한 과정으로 보면서 잘 받아들이고 관리해야한다. 비가 내린다고 여행을 포기하지 않는다. 비를 바라보면서 잠시 쉬거나 아니면 비를 감상하면서 여행을 계속할 수 있다. 내리는 비를 보면서 '이 비 또한 언젠가는 멈출 것이다.'라는 믿음이 필요하다. 스트레스를 받을 때도 '이 또한 지나가리라.'는 마음으로 받아들인다. 어두운 새벽이 지나면 곧 붉은 해가 떠오르는 아침이 된다.

폭우를 피할 수만 있다면 피하는 것이 좋듯이 심한 스트레스는 받지 않도록 예방해야 한다. 어떤 사람을 만나서 스트레스를 받는다면 가능한 한 그 사람을 만나지 않으면 된다. 하지만 직장생활과 같이 일을 하면서 피할 수 없는 경우도 있다. 피할 수 없는 일이 있다면 마음의 준비를 하고 스트레스를 잘 관리해야 한다. 본인이 해결할 수 있는 일이면 최선을 다해 빨리 해결하고, 해결할 수 없을 때는 있는 그대로 받아들인다. 있는 그대로 받아들여야 마음이 편안해지고 문제를 해결할 수 있는 힘이 생긴다.

　　다음은 라인홀드 니버(Reinhold Niebuhr)의 '평온을 구하는 기도'이다. 이 기도문에서 보듯이 내가 해결할 수 있는 일은 잘 해결하고 해결할 수 없는 일은 그대로 받아들인다.

신이시여!

제가 바꿀 수 없는 것들은 담담하게 받아들일 수 있는 은혜를 주시고

마땅히 바꿔야 할 것들은 바꾸려는 용기를 주시고

더 중요하게는 이 두 가지를 구별할 수 있는 지혜를 주소서

하루하루 살게 하시고

한 순간 한 순간 누리게 하옵시며

고난을 평화에 이르는 길로 받아들이게 하시고

죄로 물든 세상을 내 마음대로가 아니라

예수님처럼 있는 그대로 받아들이게 하시며

당신 뜻에 모든 것을 순복하는 동안

당신께서 모든 것을 바로 세우실 것을 신뢰하게 하소서

이곳에 사는 동안 사리에 맞는 행복을

그리고 저곳에서 당신과 더불어 영원토록

온전한 행복을 누리게 하소서

스트레스의 영향

스트레스는 신체 건강에 나쁜 영향을 미친다. 스트레스를 받으면 몸에서 코르티솔, 아드레날린 등의 신경전달물질이 방출되어 신체의 면역 기능을 저하시켜 질병에 취약하게 한다. 감기, 피부병, 고혈압, 심장병, 각종 암에 이르기까지 다양한 질병이 스트레스와 연관되어 있다(박상규, 2014).

스트레스는 인지 기능을 손상시킨다. 스트레스를 받으면 생각의 폭이 좁아지고 사고가 경직되며 문제나 상황을 고려하여 판단하기보다는 이전에 해 오던 방식대로 문제를 보고 해결하려고 한다. 스트레스를 잘 다루지 못하면 대인관계가 나빠지고 삶의 질도 떨어진다. 사람이 스트레스를 받을 때는 상황을 총체적으로 고려하거나 다른 사람의 입장을 배려하여 관계하기가 어렵다.

❖ 스트레스를 받을 때 '스트레스를 받고 있구나!' 하면서 알아차리고 바라보라.

2. 컴퓨터를 사용하듯 생각 다루기

스트레스와 마음챙김

　　스트레스를 받을 때 자신이 '스트레스를 받고 있구나!' 하고 알
아차리면 마음이 좀 더 편안해지고 스트레스 상황에 덜 휘둘릴 수
있다. 지금 내가 어떤 사람의 행동이나 말 때문에 화가 나면 '~하니
까 화가 난다.' 하고 알아차리면 마음이 편안하다. 불안하면 '내가
불안하구나!' 하고 알아차리고 수용하면 마음이 편해진다. 자신이
스트레스에 힘들어하면 '힘들어하는구나!' 하고 알아차리고 받아들
여야 한다. 이처럼 자기의 감정을 떨어져서 관찰하여 수용할 수 있
으면 마음이 편안해지면서 좀 더 상황을 올바로 파악할 수 있다. 지

금 일어나는 자기의 마음을 주시하는 마음챙김은 스트레스 관리에 효과가 있다.

자세와 행동 바꾸기

대부분의 사람은 스트레스를 받으면 힘이 빠지고 얼굴이 어두워지며 몸이 굳는다. 그럴 때 자기 몸 상태를 알아차리고 일부러 얼굴에 미소를 짓고 척추를 똑바로 세우면서 힘차게 걸으면 스트레스가 줄어들고 자신감이 생긴다. 또 스트레스를 받았을 때는 심호흡을 하거나 더운물을 천천히 마시거나 땀이 날 정도의 운동을 하면 마음이 안정되고 스트레스와 관련된 생각이 줄어든다. 그리고 문제를 있는 그대로 잘 볼 수 있어 문제해결에도 도움이 된다.

📖 대학생 K군은 친구들이 자기만 빼고 점심을 먹으러 간 것을 알고 기분이 울적하면서 화가 났다. 그때 K군은 강의 시간에 교수님께 들은 "척추를 똑바로 세우고 가슴을 펴고 몸에 힘을 빼면서 미소 짓는 것이 마음을 편안하게 하고 감정을 조절하는 데 도움이 된다."는 말이 떠올랐다. K군은 잠시 호흡을 조절한 다음에 척추를 똑바로 세우면서 몸의 힘을 빼고 의식적으로 얼굴에 미소를 지어 보았다. 몇 분 후 마음이 안정되었다.

다음 [그림 2-1]과 같이 허리를 쭉 펴고 웃는 얼굴을 하면 생각과 기분이 달라진다. 마치 자신이 바라는 것이 잘 이루어진 것처럼 행복한 사람처럼 표정 짓고 행동하면 마음도 달라진다.

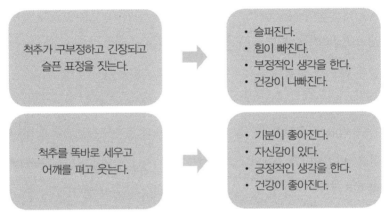

[그림 2-1] 척추와 얼굴 표정 변화에 따른 영향

조선시대 율곡 이이가 학생들에게 가르친 '구용구사(九容九思)'는 학생들의 인성 함양에도 효과가 있는 교육 방법이면서 심리치료법이다. '구용(九容)'은 일상생활에서 몸과 마음가짐을 어떻게 하는가를 이르는 지표이다. '구사(九思)'는 학문을 진보시키고 지혜를 더하는 방법을 가르친다. 구용구사를 통해서 학생들은 몸의 자세와 얼굴 표정, 생각을 올바르게 하면서 마음을 조절하고 인격을 함양할 수 있다. 이 중 구용의 내용은 다음과 같다.

첫째, 발의 모습은 정중하게 한다.

둘째, 손의 모습은 공손하게 한다.

셋째, 눈의 모습은 단정하게 한다.

넷째, 입의 모습은 멈추게 한다.

다섯째, 말소리의 모습은 차분하게 한다.

여섯째, 머리의 모습은 곧게 한다.

일곱째, 기운의 모습은 엄숙하게 한다.

여덟째, 서 있는 모습은 덕성스럽게 한다.

아홉째, 얼굴빛의 모습은 굳세게 한다.

컴퓨터에 글을 쓰고 지우듯 생각 바꾸기

요즈음은 많은 사람이 컴퓨터를 사용하여 일상의 업무를 보고 있다. 컴퓨터를 사용하여 글을 쓸 때, 화면에 여러 가지 글이 보이듯 자기를 떨어져서 보면 마음이라는 화면에 여러 생각이 일어났다가 사라진다. 지속적으로 주시하면 마음이라는 것은 일어났다가 사라지는 파도와 같은 것임을 알 수 있다.

컴퓨터 화면에 나타난 글을 쓰고 지우듯이 지속적으로 자기를 떨어져서 관찰하면 내 마음의 화면에 나타나는 생각이나 감정도 내가 알아차리고 바꿀 수 있다. 『금강경』에는 '응무소주이생기심(應無所住而生其心)'이라는 사구게가 있다. 이는 자기의 생각을 필요할 때에 적절하게 사용한다는 것이다. 마땅히 생각해야 할 때 생각하고, 생각하지 않아야 할 때 생각하지 않는다.

　　지금 내가 어떤 생각을 하는지 알아차리는 메타인지적 기제인 마음챙김은 그런 과정을 가능하게 한다. 지속적으로 마음챙김을 하면 자기의 마음에서 일어나는 생각을 알아차리고 긍정적으로 바꿀 수 있다. 지금 내 마음이라는 컴퓨터 화면에 어떤 생각이 일어나는지를 알아차리고 그 생각을 조절할 수 있으면 자유롭다. 심리치료법의 하나인 인지행동치료도 자기의 왜곡된 마음을 알아차리고 수정하도록 돕는 것이다. 어떤 사건 자체가 스트레스를 주는 것이 아니고 그 사건을 어떻게 생각하느냐 하는 것이 스트레스가 된다. 실패나 실수는 자기를 다시 보게 한다. 나는 실패를 경험하면서 그것을 통해 많이 배우고 있다.

　　어떤 상황에서 아주 빨리 자동적으로 일어나는 생각을 '자동적 사고'라 한다. 자동적 사고는 빨리 지나가지만 연습하면 누구나 자기에게 일어나는 자동적 사고를 볼 수 있다. 다음 사례에서 A씨의 '무시당한다'는 생각이 자동적 사고이다.

　　📖 A씨는 길을 걸어가는데, 후배를 만났다. 그런데 후배가 자기에게 인사도 하지 않고 그냥 지나쳐 갔다. 순간 A씨는 기분이 울적하고 화가 났다. 후배가 그냥 지나쳐 간 것 때문에 화가 난

것이 아니라. '후배가 자기에게 인사하지 않는 것이 자신을 무시하기 때문이다.'라고 생각되었다.

그러나 A씨는 자신이 꼭 그렇게 생각해야 할 이유가 없다는 것을 알게 되었다. 후배가 다른 급한 일이 있어 정신이 없거나 혹은 자기 문제로 그런 행동을 했을 수 있다고 생각하였다. 후배가 자기에게 인사하지 않는 것이 자신을 무시하는 것으로 단정할 수도 없고, 설사 그 사람이 자신을 무시한다고 해서 자기도 덩달아 자신을 무시해야 할 이유는 없지 않는가라고 생각하였다. A씨는 자기 생각을 바꾸고 나니 마음이 편안해진다는 것을 느끼게 되었다. A씨는 순간적으로 자신이 '무시당한다'라는 것이 자동적 사고라는 것을 깨닫고 왜곡된 사고를 바꿀 수 있었다.

A씨는 자신의 왜곡된 자동적 사고를 볼 수 있었고 생각을 바꿀 수 있었다. 사람들은 자신에게 일어나는 자동적 사고를 인식할 수 있을 때, 자기의 사고를 바꿀 수 있다. 컴퓨터 화면의 글을 내가 쓰고 바꿀 수 있듯이 지금 머릿속에서 일어나는 자기 생각을 알아차리면 그 생각을 바꿀 수 있다. 마음챙김을 지속하면 자기 생각을 잘 알아차리고 바꿀 수 있다. 컴퓨터 화면의 프로그램을 내가 바꾸듯이 어떤 부정적인 생각이 일어날 때마다 알아차리고 긍정적으로 바꿀 수 있다면 그만큼 마음이 평온해진다. 이처럼 자기의 마음이

라는 화면에 일어났다가 사라지는 생각을 '생각일 뿐'으로 알고 자기 자신과 동일시하지 않아야 한다. 떨어져서 관찰하면 생각을 마음이라는 화면에서 일어났다가 사라지는 '생각' 그 자체로 볼 수 있다. 참나는 화면에서 일어나는 생각을 알아차리는 나이다. 또 누구나 일어나는 자기의 생각이나 감정을 잘 알아차리면 마음이 편안해지고 이전보다는 업그레이드된 삶을 살 수 있다.

우울증은 현대 사회에서 가장 흔한 심리적 문제이다. 심각한 우울증이 지속되면 자살 생각도 일어난다. 우울증은 나이, 건강, 경제적 상황, 환경 등의 여러 요인도 관련되지만 큰 요인 중 하나는 심리적 문제이다. 지금 자신이 처한 상황을 부정적으로 해석하면 우울해지고 자신감이 없어진다. 결국 자기가 이 상황을 어떻게 보느냐에 달려 있다.

현대에 와서 우울한 사람이 많은 것은 남과 비교하는 데서 오는 상대적 박탈감, 기대와 현실 간의 차이에서 느끼는 절망감 등에서 비롯되는 경우가 많다. 상황 자체가 아니라 자기가 그 상황에서 기대한 것, 바라는 것들이 이루어지지 않기에 마음이 우울해진다.

부정적 사고는 감정을 어둡게 한다. '나는 희망이 없다.' '나는 살 만한 가치가 없다.'고 생각하면 우울해지고 무력해진다. 부정적 감정이 다시 부정적 사고에 영향을 미치는 반복적 과정이 일어나 우울한 기분이 지속된다. 기분이 우울해지면 생각도 더 부정적으로 바뀌게 된다.

행복을 원한다면 지금 자기에게 일어나는 부정적 생각을 주시하고 수용하면서 긍정적인 생각으로 바꾸어야 한다. 많은 사람이 부정적 사고를 떨쳐 버리지 못하기에 부정적 사고를 사실로 생각하게 되며, 생각과 자기 자신을 동일시하는 착각을 한다. 생각은 사실이 아니라 지금 자기에게 일어나는 생각일 뿐이다. 자기에게 일어나는 부정적 사고를 떨어져서 관찰할 수 있으면 부정적 사고도 조건화되어 일어났다는 것을 알 수 있고, 자기가 부정적 사고를 선택하였다는 것도 자각하게 된다. 또 부정적 사고나 감정을 있는 그대로 주시하면 그 생각이나 감정이 차단되고 힘을 잃게 되면서 기분이 달라진다.

지금 자기가 하는 생각은 자기가 선택한 것이지 사실이 아닐 수 있음도 알아야 한다. 어떤 상황에서 어떤 생각을 하느냐 하는 것은 자기가 선택한다. 대인관계에서도 '그 사람은 그렇게 생각하는구나!' '나와 생각이 다르구나!' 하고 받아들인다.

어떤 상황 자체가 스트레스를 주기보다는 그 상황을 본인이 어떤 관점에서 보고 받아들이느냐에 따라서 스트레스가 될 수도 있고, 자기 성장의 계기가 될 수도 있다. 비슷한 사업 실패를 겪었음에도 어떤 사람은 낙담에 빠져 지내다가 알코올로 회피하고, 어떤 사람은 그것을 계기로 한층 더 발전하기도 한다.

📖 수업시간에 학생들이 돌아가면서 발표를 하는 시간이었다.

한 학생이 발표를 했고 교수가 보기에는 발표 내용이 새롭고 우수하였다. 그러나 무슨 영문인지 발표를 들은 학생들은 별 관심이 없는 듯 아무도 박수를 치거나 질문하는 등의 긍정적 관심을 보이지 않았다. 발표한 학생은 발표 후에 마음이 침착해 보였다. 교수는 나중에 발표한 학생을 격려하기 위해 그와 면담을 하였다. 학생은 "교수님, 저는 준비하는 과정에서 많이 배웠습니다. 다른 학생들이 저의 발표에 어떻게 반응하든지 그것은 그 학생들의 선택이죠. 마찬가지로 그 학생들의 태도에 어떻게 반응하는 것 또한 제 선택입니다. 저는 괜찮아요. 염려해 주셔서 고맙습니다. 제가 발표한 주제가 학생들의 마음에 들지 않을 수도 있고…… 아무튼 그것은 그들의 몫이에요. 제가 할 수 있는 것은 그 학생들의 반응에 대해 어떻게 생각하고 반응하느냐 하는 것입니다. 기분이 좋지는 않지만 받아들이고 스스로에 만족합니다. 저에게는 이번 발표를 통하여 제가 무엇을 조금 더 보완해야 하는지를 아는 중요한 계기가 되었습니다."

이 사례에서 발표한 학생과 같이 다른 학생들의 반응을 자신이 어떻게 해석하느냐에 따라 스트레스가 될 수도 있고 그렇지 않을 수도 있다. 무엇을 어떻게 생각하고 반응하느냐, 어떻게 보느냐 하는 것은 사실이나 진리라기보다는 자신이 그렇게 생각한 것이다.

2. 컴퓨터를 사용하듯 생각 다루기   **47**

다른 사람이나 외부 환경이 나에게 영향을 주지만 그것을 어떻게 받아들이고 해석하는지는 전적으로 자신의 선택이기에, 그 결과에 대한 책임도 당연히 자신의 몫이다.

그래서 지금 일어나는 자기의 마음을 주시해야 한다. 내가 내 생각을 바로 볼 수 있으면 내 마음을 조절할 수 있고 그럴 때는 마음의 평화가 유지된다. 내가 내 마음을 관리하고 운전하는 운전사가 되어야지, 자동적으로 일어나는 생각에 끌려가는 로봇이 되어서는 안 된다.

사람은 자기의 부정적 생각을 발견하고 바꿀 수 있어야 불행감이 줄어든다. 처음에는 자기의 생각이나 감정을 알아차리기가 쉽지 않지만, 꾸준히 연습하면 자기의 생각이나 감정이 잘 보이고 조절이 가능해진다. 사람에 따라 시간의 차이는 있지만, 자기 마음이라는 컴퓨터를 잘 사용하기 위해서는 어느 정도 수행의 과정이 필요하다.

『화엄경』에서 말한 '일체유심조(一切唯心造)'는 마음가짐이 중요하다는 것을 강조한다. 모든 것은 생각하기 나름이다. 물론 환경이나 상황을 무시할 수는 없지만 그 환경이나 상황을 어떻게 받아들이고 해석하는지는 전적으로 자신에게 달려 있다. 힘든 상황을 스트레스라고 생각할 수 있고 자기를 성장시키는 디딤돌이라고 생각할 수도 있다. 어떤 사람은 일부러 추위 속에서 험한 산을 등산하거나 무더위 속에 사막 위를 달리면서도 자기를 실현하는 기쁨을 느끼기도 한다.

마음이라는 화선지에 분홍색을 칠할 수도, 검은색을 칠할 수도 있다. 이는 각자의 선택이다. 내가 할 수 있는 일은 어떻게 반응하느냐이다. 다른 사람의 생각이나 환경을 바꾸기는 어렵다. 그 상황을 어떻게 해석하고 어떻게 반응하느냐 하는 것은 나의 선택이다. 지금 이 상황을 있는 그대로 받아들이고 긍정적인 색깔로 마음을 칠할 수도 있고, 부정적인 색깔로 마음을 칠할 수도 있다. 내가 행복하고 싶으면 긍정적인 마음가짐을 가져야 한다. 누가 자신에게 한 말이나 행동을 부정적으로 해석하면 기분이 나쁘지만 '나는 동의하지는 않지만 그 사람은 그렇게 생각하는구나!'라고 받아들이면 기분이 나쁘지 않을 수 있다. 상대가 그런 말을 하니까 기분이 나쁜 것이 아니라 상대의 말을 내가 부정적으로 해석하기 때문에 기분이 나쁜 것이다.

행복은 객관적인 기준보다는 자신의 삶에 대한 주관적인 평가이다. 지금 자기가 자신이나 미래에 대해서 부정적으로 평가하면 기분이 우울해진다. 부정적 생각이 일어날 때는 '이 생각이 과연 나의 행복에 도움이 되는 생각인가?' '이 생각이 사실인가?' '이렇게 생각하는 근거가 무엇인가?' 하면서 자기 생각을 객관화해서 보면 마음이 편안해지고 기분이 좋아진다.

인지행동치료자가 사용하는 질문 중 하나는 "당신의 친구에게 당신과 비슷한 문제가 있다면 당신은 친구가 정말 행복해지기 위해서는 어떻게 생각해야 한다고 말해 주고 싶은가?"라는 것이다. 이를 질문하고 그 대답을 자신에게도 말하도록 한다. 내 경험에 의하면 많은 사람이 이 질문을 잘 이해하게 되면서 자신의 사고를 바꾸는

데 도움이 되었다. 물론 자기의 생각을 알아차리더라도 바꾸기가 쉽지는 않다. 이럴 때에는 요가를 하거나 따뜻한 차를 마셔라. 자기 몸이 이완되면 생각을 긍정적으로 바꾸기가 쉽다.

[그림 2-2]에서는 상황이 생각에, 생각이 감정에, 감정이 행동 과 생리적 반응에 영향을 주는 과정이다. 어떤 상황에서 부정적인 생각을 하면 그것으로 인해 부정적인 감정을 가지게 되고 얼굴 표 정이 위축되고 생리적 반응이 나빠진다. 부정적인 생각은 빠른 시 간에 자동적으로 일어나는데, 어릴 적부터 그런 생각을 습관적으로 해 왔기 때문이다.

사업에 실패했더라도 사업 실패를 어떻게 생각하느냐에 따라 우울하고 무력감이 들거나 위축될 수 있는 반면에, 평온함을 가지 면서 재기의 희망을 가질 수도 있다. 이처럼 자기에게 일어나는 부 정적인 사고를 알아차리고 수용하면 자신의 사고를 바꿀 수 있고 기분도 변화된다. 지금 자기가 어떤 생각을 하는지를 알아차리고 긍정적으로 생각하는 것이 스트레스를 줄이고 행복감을 높인다.

[그림 2-2] 상황과 생각, 감정, 행동과의 관계

📖 A씨는 동업자와 함께하던 사업에 실패하였다. 사업을 무리하게 확장한 탓이었다. 동업자는 남은 물건을 챙겨 회사를 떠났다. A씨는 잠시 동안은 좌절과 실망감을 가졌으나 마음을 정리할 겸 평소 좋아하는 등산을 하였다. 정상에 앉아서 먼 산을 바라보다가 '지금까지 좋은 경험을 했다. 많이 배웠다.'는 생각이 들면서 마음이 편안해졌고, 다시 시작하면 된다는 자신감이 일어났다. 힘든 재기의 과정을 거쳤지만 3년 후 A씨의 회사는 지역사회에서 가장 주목받는 회사로서 성장하고 있었다.

자신과 상황을 좀 더 객관적으로 바라보기

📖 50대인 O씨는 직장에 같은 날 입사한 동료가 자기보다 앞서 승진한 소식을 듣고, 자신이 무능하다는 느낌이 들어 우울하고 당장 회사를 그만두고 싶은 마음이 일어났다. 그러자 '10년 후나 죽음을 앞둔 시점에서는 자신이 과연 이런 문제 때문에 지금과 같이 갈등할 것인가? 그때 나는 어떻게 생각할 것인가?'를 성찰해 보기 시작했다. 그러다 보니 '사소한 것에 마음이 흔들렸다.'고 생각하면서 마음이 편안해졌다.

📖 정부출연기관에 근무하는 K씨는 중소기업 사장인 친구와 오랜만에 만나기로 약속하였다. 그 친구는 사업에 성공하여 잘 나가는 중이다. 하지만 K씨는 월급으로 세 가족을 부양하면서 그럭저럭 생활하는 편이다. 그날 친구가 약속 시간보다 30분이나 늦게 나타나자 '돈이 많다고 나를 무시하는 거야?' 하는 생각이 들어 기분이 좋지 않았다. 그때 자기의 입장을 객관화해 보기로 하였다. 다른 친구가 지금의 자신과 꼭 같은 상황에 있다면 자신이 그 친구에게 무슨 말을 해야 좋을 것인지를 생각하게 되었다. 그러자 자신은 친구에게 "친구가 늦을 수도 있지, 친구가 너를 무시한다는 증거가 없지 않아? 30분 늦은 것으로 무시당했다고 생각하고 화를 낼 필요가 없다."고 말해 줄 거라는 사실을 알게 되었다. 스스로에게 그렇게 말해 주면서 마음이 좀 더 편안해졌다.

O씨나 K씨처럼 훗날의 자기 입장에서 한 발 떨어져서 보거나 다른 사람의 입장에서 자신이 처한 상황을 바라보는 것을 통해 자기의 생각을 객관화하면 마음이 안정되고 지혜로운 결정을 할 수 있다. 분노는 외적 대상에서 일어나는 것이 아니라 외적 자극에 대한 자신의 해석에서 비롯되는 현상이다. 자기 마음이 편안하고 여유롭다면 다른 사람의 말과 행동에 덜 예민해질 수 있다. 자기 마음

이 열등감이나 불만, 분노로 차 있을 때 누군가가 무엇으로 불을 지피면 분노라는 불길이 일어난다. 지금 자기 마음의 항아리에 화가 가득 차 있다면 사소한 계기로 쉽게 불이 붙을 것이다. 화가 날 때는 지금 자기 마음의 항아리가 어떤지부터 살펴보아야 한다. 잠시 자기 마음을 주시하는 것만으로도 화가 가라앉을 수 있다.

화가 났을 때, 자신이 하게 될 행동의 결과가 어떻게 될 것인지를 생각하는 것도 자기 마음을 조절하는 데 도움이 된다. 지금 화가 나고 있다면 '내가 화를 그대로 표현하면 그 결과가 어떻게 될 것인가?'라는 것을 알아차리면 적절한 방법으로 분노를 표현하거나 조절할 수 있다. 명상법의 하나로 자신이 존경하는 어떤 분이 비슷한 상황에 처해 있다면 지금 이 문제를 어떻게 해결할 것인가를 상상한다.

> 📖 C씨는 최근에 경제적 어려움으로 스트레스를 받고 있다. 이때 명상을 하면서 평소에 존경하는 아버지라면 이 상황에서 문제를 어떻게 해결했을까를 상상하였다. 상상 속에서 아버지가 경제적으로 어려운 지금의 상황을 침착하게 파악하면서 하나씩 해결해 가는 것을 보게 되었다. C씨는 명상을 마치고 마치 아버지가 하듯이 자신도 그렇게 문제를 해결하면 되겠다고 생각하면서 마음이 훨씬 편안해졌으며 문제해결에 대한 자신감이 일어났다.

📖 가난한 집안에서 자란 B씨는 자신이 행복하기 위해서는 꼭 성공해야 한다는 생각으로 열심히 노력하여 마침내 원하는 직장에 취업하였다. 취업한 후에도 직장 내에서 최고가 되기 위하여 노력해 왔다. 그 결과, 다른 사람보다도 일찍 승진하였다. 그러나 어느 순간 자신이 '다른 사람에게 인정받기 위하여 살아왔지만 진정으로 자신을 돌보지 않았다.'는 생각이 들었다. B씨는 항상 마음이 공허했으며 일을 통해서 이런 감정에서 도피해 왔다는 것을 알았다. B씨는 자신을 정직하게 성찰함으로써 자기가 남에게 인정받고자 하는 욕심으로 자신을 힘들게 했다는 것을 자각하였다. 지금 있는 그대로의 자기가 귀중하다는 것을 깨닫게 되면서 마음이 따스해졌다.

3. 스트레스 관리의 기술

스트레스를 잘 다스리기 위해서는 다음의 기술을 사용할 수 있다. '01 건강 관리 기술'에서 사용한 기술을 스트레스 관리 기술에서도 사용한다.

◉ **마음챙김하기** 지금 자신이 스트레스를 받고 있거나 기분이

우울하다는 사실을 알아차리는 것이 우선이다. 스트레스를 받을 때 일어나는 자기의 감정을 관찰하고 받아들이면 마음이 안정되고 적절한 반응을 할 수 있는 여유가 생긴다. '지금 스트레스를 받고 있구나!' '지금 내가 화가 났구나!' 하고 알아차리면서 받아들이면 편안하다.

기분이 울적하고 우울할 때도 '우울하다'는 기분을 주시하고 받아들여야 한다. 모든 것은 자기 마음에 달려 있기 때문에 회피하지 말고 일단 주시하고 받아들인다. 감정이라는 것은 알아차리면 사라지지만, 보지 않으려 하고 회피하기 시작하면 그 감정의 힘이 강해지면서 자기를 불행하게 한다.

◉ **몸에 관심 갖고 위로해 주기** 마음이 우울하고 스트레스를 받을 때 마음을 바로 바꾸기가 쉽지 않다. 이때 자기 몸에 관심을 갖고 몸부터 돌보고 위로하는 것이 좋다(문요한, 2019). 자기 몸을 위해 따뜻한 차 마시기, 맛있는 음식 먹기, 따뜻한 물에 몸을 푹 담그기, 산책하기 등을 하면 마음이 달라진다.

◉ **통제감 가지기** 스트레스를 받을 때 내가 이 상황을 통제할 수 있다는 자신감이 있어야 스트레스를 잘 관리할 수 있다. '나는 스트레스를 관리할 수 없다.'고 단정하면 무력해지고 건강도 나빠진다. 스트레스를 받을 때 '나는 스트레스를 잘 관리하는 중이다.', '지금 나는 이 상황을 통제할 수 있고 문제를 잘 해결할 수 있다.'는 자신감은 스트레스 해결에 도움이 되고 대인관계를 잘하게 한다. 연

구 결과에 의하면, 스트레스를 적극적으로 해결하고자 하는 대학생은 대인관계가 좋은 것으로 나타났다(김화선, 노인숙, 홍지명, 2018).

◉ **문제 해결하기** 스트레스를 받는다는 것은 현실과 내가 바라는 것 사이에 거리가 있다는 것이다. 지금 문제가 무엇인지를 명확하게 이해하고 문제를 잘 정의하면서 대안을 찾아내고 그 대안 중에 효과가 있을 것을 선택해서 문제를 해결한다. 만약 그래도 문제가 해결되지 않았다면 문제를 잘못 파악하였거나 효과적인 대안이 아니었다고 볼 수 있다. 이럴 때는 문제를 다시 점검하고 다른 대안을 찾아야 한다.

◉ **자세 바르게 하기** 스트레스를 받을 때는 의식적으로 척추를 똑바로 세우고 가슴을 펴면서 숨을 깊고 길게 내쉬는 것을 반복한다. 자세와 호흡을 바꾸는 것만으로도 마음이 안정된다.

◉ **행동 바꾸기** 우리의 생각과 감정 그리고 몸과 행동은 서로 영향을 미친다. 행동을 바꾸는 것은 생각과 감정을 바꾸는 것보다 쉬운 편이다. 신나게 걷고 큰 소리로 말하고, 자주 웃으면 기분도 달라지고 생각도 긍정적으로 된다.

◉ **다른 사람에게 자기 감정 표현하기** 막막하고 답답할 때 자기 말을 들어줄 누군가가 있으면 위로를 받고 편안해진다. 스트레

스를 받을 때 가족이나 친구, 상담자 등을 만나서 감정을 표현해
본다.

토의 주제

○ 나는 주로 어떤 상황에서 스트레스를 받는가?

○ 과거에 스트레스를 해결하기 위해 사용했던 방법 중 가장 효과적이었던
　방법은 무엇인가? 또 새롭게 알게 된 방법은 무엇인가?

03
중독과 자기조절하기

<3분 호흡명상>

지금부터 약 3분간 호흡명상을 하겠습니다.
먼저 허리를 똑바로 세우십시오.
고개는 들고, 어깨와 몸의 힘을 빼십시오.
부드럽게 눈을 감고 몇 차례 깊고 길게 호흡합니다.
이번에는 평소와 같이 호흡하면서
코끝에서 숨이 들어오고 나가는 것을 알아차립니다.
숨이 들어오면 들어오는 것을 알아차리고,
나가면 나가는 것을 알아차립니다.
중간에 어떤 생각이 떠오르면 그 생각을 알아차리며 다시 호흡에 집중합니다.

1. 누구나 빠져들 수 있는 중독

1) 중독의 특성

중독은 고통을 피하고 쾌락을 추구하다가 자신을 더 불행하게 하는 것이다. 중독자는 중독 대상의 노예가 된다. 알코올 중독자는 알코올의 노예, 마약 중독자는 마약의 노예로 살아간다(박상규, 2016).

📖 최근 알코올치료공동체에서 회복을 위해 노력하다가 4년 전에 퇴소한 K씨가 사망했다는 소식을 듣게 되어 마음이 무척 괴로웠다. 그는 4년 전에 알코올치료공동체에서 재기하기 위하여 노력하다가 술에 대한 갈망을 끝내 이기지 못하고 퇴소하였다. 중간중간 단주하면서 일하고 있다는 이야기를 들었는데, 최근 회복을 도와주던 협심자에게서 그가 여관에서 사망한 채로 발견되었다는 소식을 전해 왔다.

필자가 꽃동네 알코올치료공동체에서 봉사한 지가 벌써 15년이 되어 간다. 그 사이 많은 분이 사고나 병, 자살 등으로 일찍 생을 마감하는 것을 보았다. 치료공동체를 수료하고 회복한 다음에 사회로 나가면 재발이 줄지만 중간에 퇴소하는 분은 대부분 재발하고 빨리 사망한다. 회복을 위해 노력하던 사람이 사망했다는 소식은 상담자뿐 아니라 회복 중인 많은 중독자에게도 슬픔과 좌절감을 안겨 준다. K씨와 가깝게 지냈던 한 회복자는 "K씨가 죽었다는 소식을 듣고 마음이 아프다. 알코올에 대한 갈망이 일어난다."고 슬픈 목소리로 나에게 전화하였다.

삶의 태도

중독은 질병이면서 삶의 태도 문제이다. 자기중심적이며 고통을 회피하는 삶의 태도가 중독으로 이어진다. 특히 외로움이나 수치심 등의 감정이나 중독 대상에 대한 갈망을 주시하지 못하면 중독에 빠지기 쉽다. 중독자가 회복을 잘 유지하기 위해서는 지금 일어나는 자기 감정이나 갈망을 올바로 직시하고 인정해야 한다. 지금 일어나는 고통을 피하지 않고 수용하면 편안해지면서 고통을 통해서 성장할 수 있다.

오랜 기간 중독에 빠지면 뇌에서 조절력이나 판단력을 담당하는 전전두엽 부위 등에서 손상이 일어나 조절력을 잃는다.

중독은 불행과 관련된다. 불행하기에 중독 대상을 찾다가 더 불행해지는 것이 중독자의 특성이다. 중독자는 자존감이 낮기 때문에 현실에서 문제를 잘 해결하기보다는 알코올이나 도박 등의 대상을 통해 자기의 진정한 감정과 문제에서 도피하고자 한다. 알코올에 취하거나 도박을 하면서 일시적으로나마 고통을 잊고 쾌감을 얻고자 한다. 그러나 중독이 되면 중독 대상 이외에서는 만족감을 갖지 못하고 점점 더 강력한 자극을 구하게 된다. 이전에는 한 번의 마약 주사로 쾌감을 느껴 왔던 마약 중독자가 일 년이 지난 다음에는 하루에 몇 번 주사를 맞아도 처음 마약할 때의 쾌감을 느끼지 못하고 건강이 악화되어 폐인이 된다.

중독은 쾌감을 찾는 정적 강화와 우울한 기분이나 불안을 피하고자 하는 부적 강화와 관련되어 학습된다. 불쾌한 경험이 일어날 때 피하지 않고 그 경험에 머물며 견디어 내는 힘을 고통감내력이라 하는데, 고통감내력이 낮은 사람은 우울과 같은 부정적 정서 경험을 해소하기 위한 수단으로 물질을 남용하거나 행동 중독에 빠지게 된다. 알코올 중독자는 술을 마심으로써 고통을 줄이는 동시에 쾌감이 유발되기에 술을 마신다(서장원, 권석만, 2015).

중독자는 부정이나 합리화 등의 방어기제를 주로 사용한다. 부정(denial)은 자기 자신이 문제가 없다고 하고, 자기는 얼마든지 조절할 수 있다고 믿는 것이다. 알코올 중독자가 "자신은 중독자가 아니며 언제든지 술을 그만 마실 수 있다."고 말한다. 부정은 방어기제로 일부러 하는 거짓말과 달리 무의식 속에서 자기를 속이는 것이다. 가족이나 다른 사람이 보면 중독자가 스스로를 속이는 것을 알 수 있다. 중독자가 회복하기 시작하면 자신을 정직하게 보면서 있는 그대로의 자기를 받아들이고 변화하게 된다.

중독자의 또 다른 문제는 대인관계가 원만하지 못하다는 점이다. 사람들과 관계가 좋지 않으면 자존감이 낮아지고 중독 대상을 갈구한다. 특히 중독자의 자기중심적 사고는 다른 사람을 불편하게 하며 타인을 배려하지 못하여 관계가 나빠진다.

관계 기술의 부족은 어린 시절의 애착 형성과 관련된다. 부모에게 충분한 관심과 공감을 받고 자라면 애착이 형성되고 부모로부터 받은 대로 자기를 사랑하고 존중하게 되는데, 부모 자신의 문제나 부모가 바쁘다는 등의 이유로 자녀가 부모에게 사랑을 받지 못하고 있다고 생각하면 청소년기나 성인이 되어도 대인관계에 자신감이 없어지고 관계를 잘 유지하지 못한다.

내성과 금단

내성과 금단은 중독자에게 일어나는 주요한 특성이다.

마약 중독자가 쾌감을 얻기 위하여 마약 주사를 맞는다. 처음에는 한 번만 주사해도 기분이 좋았는데, 나중에는 하루에 몇 번이나 주사를 맞아도 이전과 같은 기분을 느끼지 못하여 더 자주 더 많이 한다. 처음에는 외로워서 술을 마시기 시작했는데, 나중에는 "술이 사람을 먹는다."는 말처럼 점점 더 많은 술을 마시게 되어 결국 알코올 중독자가 된다. 이러한 것을 내성이라 한다. 즉, 같은 효과를 얻기 위하여 더 많이 중독 물질이나 대상을 찾아야 한다.

금단은 중독 대상을 그만둘 때 일어나는 것으로, 신체적 금단과 심리적 금단이 있다. 알코올 중독자는 술을 마시지 않을 때 손을 떨고 고통을 느끼는 등의 증상을 보이는데, 이것을 신체적 금단이라 한다. 또 술을 마시지 못하면 불안하고 초조한 경우가 있는데,

이는 심리적 금단이다.

중독자가 알코올이나 아편류 등을 사용하다가 그만둘 때는 신체적인 금단 증상으로 고통스러워하다가 그러한 고통을 피하기 위하여 중독 대상을 다시 찾아 재발하기도 한다. 도박 중독, 스마트폰 중독, 인터넷 중독 등의 행동 중독 또한 심리적 금단 증상이 있다.

조절력 상실

중독의 특성은 자기조절력이 상실되는 것이다. 중독자는 "오늘 한 잔만 마시자." 하면서도 끝까지 간다. 모든 사람은 장기적인 이익을 위하여 자기 마음을 조절할 수 있다. 하지만 마약 중독자는 마약을 하면 안 된다는 것을 알면서도 실제 누가 마약을 권유하면 거부하지 못한다.

도박 중독자가 '오늘은 딱 십만 원만 하자.'고 마음먹고 도박을 시작하지만 결국 가진 돈을 다 쓰고 나중에는 카드빚을 내거나 돈이 될 만한 모든 물건을 전당포에 맡기면서 돈을 구할 수 없을 때까지 도박을 하게 된다.

📖 K씨는 도박 문제가 있는 사람이다. 한 번씩 스트레스를 풀기 위해서 경마장에 가곤 한다. 갈 때는 오늘은 십만 원 정도의 표만 사서 스트레스를 풀고 오겠다고 생각한다. 그러나 경마를

하면서 십만 원을 금방 잃었는데도 자리에서 일어서지 못하고 기어이 다른 사람의 이름을 빌려 표를 구입하는 등의 불법적 방법으로 경마를 하면서 가진 돈은 물론 카드빚까지 합쳐서 500만 원이란 돈을 잃고서 허탈한 마음으로 집으로 돌아왔다.

📖 H씨는 마지막 술잔을 놓은 지 2년이 되었다. 어느 봄날 등산을 마치고 집으로 돌아오던 중 편의점에 진열된 맥주를 보게 되었다. 마침 목이 컬컬하던 차에 맥주를 마시고 싶은 충동이 순간적으로 일어났다. '한 잔만 마시자.'고 생각하여 마신 술이 3일간이나 지속되었다.

자기 역할의 장애

사람이 사람답다는 것은 각자 자기에게 주어진 역할을 다하는 것이다. 부모는 가정을 책임지고 돌보면서 자녀를 양육하는 역할, 자녀는 부모님을 모시고 가정에서 자기 역할을 한다. 직장인은 직장에서 각자 주어진 자기 역할을 다하면서 살아간다. 하지만 중독이 되면 아버지로서의 역할, 어머니로서의 역할, 배우자로서의 역할, 자녀로서의 역할, 사회인으로서의 역할을 하지 못한다.

어떤 알코올 중독자는 사업을 할 때 많은 돈을 벌었지만, 부모님에게 용돈도 드리지 않고 자주 찾아뵙지도 않았다. 그 후 중독으로 사업이 망하고 이혼을 하면서 자기의 중독 문제를 인식하고 회복하기 시작하였다. 회복하면서 다시 일하게 되었는데, 얼마 안 되는 돈이지만 부모님에게 용돈과 생활비도 드리고 이혼한 전처에게도 일정한 돈을 보내고 있다.

자기가 해야 할 일을 하지 않는 것이 중독자의 특성이다. 회복은 부모로서, 자녀로서, 배우자로서 자기 역할을 하는 것에서 시작된다.

2) 중독자의 심리

중독자는 다른 사람과 상황을 지레 예측하여 판단하고 자기 생각만이 옳다고 여기는 등의 자기중심적 사고를 한다. 대부분의 중독자는 우울하며 불안하다. 또 수치심이 많고 자존감이 낮아 알코올이나 도박 등의 중독 대상으로 그런 감정을 잊고자 한다. 중독자가 자기의 수치심을 인정하고 수용하면 자존감이 올라가고 현실에 잘 적응할 수 있다. 많은 중독자는 애정 욕구가 결핍되어 있다. 중독자는 알코올이나 마약, 도박 혹은 성적 행동을 통하여 애정의 결핍을 보상하려는 경향이 있다.

3) 중독의 분류

중독은 대상에 따라 물질 중독과 행동 중독으로 구분된다. 알코올이나 마약류 중독은 물질 중독이고, 도박이나 스마트폰, 성 중독 등은 행동 중독이다.

알코올 중독

알코올에 중독되면 대뇌를 비롯하여 몸 전체가 병이 든다. 알코올 중독은 만성화 과정을 밟는데, 회복 중인 중독자는 "술을 마시기 전에는 기분이 우울한데 술을 마시면 일반 사람과 비슷한 감정을 가지게 된다."고 말하였다. 알코올은 위장이나 간 등 신체의 모든 부위에 영향을 미치고, 단주를 하더라도 알코올에 의한 부작용으로 몇 년 후에도 여러 질병이 일어날 수 있다.

마약류 중독

마약류는 정신 기능에 미치는 영향에 따라 진정제와 흥분제, 환각제 등으로 구분할 수 있다. 진정제는 기분을 진정시키고 편안함을 느끼게 하는 것으로 아편이나 헤로인, 모르핀 등이 해당된다. 흥분제는 기분을 앙양시키는 효과를 내는데, 필로폰, 코카인, 엑스터시 등이 속한다. 환각제에는 대마초 등이 있다. 우리나라에서는 필로폰이 가장 많이 남용되는 마약류이다. 최근에는 의료용 마약을 남용하는 사람이 늘어나고 있어 주의가 요구된다.

마약류 중독으로 신체장애가 심할 경우 병원에서 입원 치료를 받은 후 지역사회에서 대인관계 기술이나 자존감 향상 등의 프로그램에 참여하는 것이 좋다. 아직은 우리 사회에서 마약류 중독자는 환자이면서 범죄자로 취급된다. 재발을 예방하기 위해서는 단순 투

약자에 대한 적극적인 치료가 필요하다.

도박 중독

도박 중독은 행동 중독의 대표적인 사례이다. 도박은 다른 중독과 달리 돈이라는 보상이 있기 때문에 회복하기가 더 어렵다. 도박중독은 '도박을 해야 빚을 갚을 수 있다.', '한 방이면 된다.'와 같은 중독적 신념이 바탕이 된다. 한국도박문제관리센터를 방문하여 상담받는 것, 자조모임인 GA(Gamblers Anonymous, 도박 중독자 모임)에 참석하는 것, 가족교육이나 가족상담 등을 받는 것이 회복에 도움이 된다.

스마트폰 중독

최근 들어 청소년의 스마트폰 중독 문제가 심각해지고 있다. 스마트폰 중독은 스마트폰 게임이나 SNS 등에 집착하는 것으로, 이 때문에 학업이나 직업, 일상에서 자기의 역할을 다하지 못한다. 스마트폰을 건강하게 사용하기 위해서는 일과 중에는 스마트폰을 무음으로 설정하여 가방 안에 넣어 두기, 명확한 시간을 두고 사용하기, 시간제한 애플리케이션 사용하기, 스마트폰 대신에 다른 여가 활동하기, 삶의 의미와 목표 정하기 등이 도움이 된다(박상규, 2019). 개인상담뿐만 아니라 가족교육이나 가족상담도 필요하다.

성 중독

성 중독은 성적 행위에 집착하는 것이다. 중독자는 중독의 문제

로 원하지 않는 임신, 성병, 명예의 실추, 재산 탕진, 법적 문제에 맞닥
뜨린다. DSM-5(APA, 2013)에서 말하는 성도착장애자의 일부는 성 중독
자로 볼 수 있다. 성도착장애는 부적절한 대상이나 목표에 대하여 강
렬한 성적 욕망을 느끼고 성적 상상이나 행위를 반복적으로 나타낸다.

성도착장애는 다른 사람이 옷을 벗거나 성행위를 하는 모습 등
성적 대상을 몰래 훔쳐보는 관음장애, 성적 흥분을 위해서 자신의 성
기를 다른 사람에게 노출하거나 노출했다는 상상을 하면서 자위행
위를 하는 노출장애, 동의하지 않는 상대방에게 몸을 접촉하여 문질
러 성적 흥분을 느끼는 접촉마찰장애, 성적 흥분을 위해서 상대방에
게 고통이나 굴욕감을 받기를 원하는 성적피학장애, 상대방에게 고
통이나 굴욕감을 느끼게 하는 성적가학장애, 사춘기 이전의(13세 이
하) 아동을 상대로 성적 행위를 하는 아동성애, 여성의 속옷이나 브
래지어, 신발 등을 통해서 흥분을 느끼는 성애물장애, 이성의 옷을
입고 흥분을 느끼는 의복전환장애 등이 포함된다(권석만, 2014).

성 중독자는 스트레스나 문제 상황에 처했을 때, 외롭거나 공허
감을 느낄 때 성적 행위를 갈망한다. 어떤 성 중독자는 "회사에서 스
트레스를 받을 때 간혹 술을 마시고 성매매업소를 찾아다녔는데, 중
독된 후에는 일주일 대부분을 성매매업소에 찾아가고 일상생활도 어
렵게 되었다."고 한다. 음주는 성적 행위에 위험 요소가 된다.

성 중독은 성행위의 빈도로만 결정되지 않고 조절력을 상실하
고 일상생활의 장애가 있을 때 진단된다. 성 중독자는 자신이 가진
성적 문제가 다른 사람에게 알려질까 두려워하면서 숨기려는 경향

이 강하다. 성 중독자는 처음에는 일반적인 성행위에 집착하다가 점차 심각해지고 마침내 법적인 문제에까지 이르는 과정을 밟게 된다(박상규 외, 2018; 최삼욱, 2017).

성 중독을 치료하기 위한 방법으로는 자기를 주시하면서 자기 사랑하기, 성적 행위가 주는 이득과 손실을 계산하기, 이성이 느낄 수 있는 고통과 불안, 불쾌감을 공감하기 등이 있다.

성에 대한 갈망이 일어날 경우에는 갈망을 주시하거나 성적 행위 후에 일어나는 결과나 자기 감정을 상상해 본다. 주변 사람에게 갈망을 말하거나 글로 써 볼 수도 있다. 성에 대한 갈망이 일어나기 쉬운 환경을 알아보고 미리 피하는 것도 도움이 된다. 외롭거나 공허할 때 예술 활동을 하거나 운동 등으로 해소할 수도 있다. 개인이 스스로 성에 대한 충동을 조절할 수 없을 때는 전문가를 찾아가 상담을 받거나 성 중독자 자조모임에 참석하는 것이 도움이 된다.

❖ 회복은 중독자와 가족이 힘을 모아 한 걸음 한 걸음 포기하지 않고 앞으로 나아가는 것이다.

4) 중독과 가족

가족의 문제는 무엇인가

가족은 중독자로 인해 고통받고 있으며 건강이 나빠진다. 하지만 가족은 본의 아니게 중독자의 재발을 유도하기도 한다. 가족이 중독에 대한 지식을 배우고 자기 행동을 성찰하면 중독자의 회복에 도움이 된다. 가족이 중독자에게 의존하는 것을 공동의존이라 한다. 많은 중독자가 공동의존 증상이 있다. 공동의존은 중독자와 자신을 정서적으로 분리하지 못하는 것이다. 가족이 건강하고 정서적으로 독립해야 중독자에게 제대로 도움을 줄 수 있다. 가족이 중독자의 회복을 돕기 위해서는 가족이 먼저 자기 문제를 인정하고 수용하면서 자기를 잘 보살펴야 한다.

가족은 어떻게 대처해야 하는가

가족이 중독자의 문제를 제대로 해결하기 위해서는 전문가의 도움이 필요함을 알고 중독전문가에게 도움을 청해야 한다. 가족은 상담자를 만나 상담을 받거나 가족 자조모임에 참석하는 것이 좋다. 가족은 가족 자조모임에 반드시 참여하기를 권한다.

가족은 상담이나 모임을 통해서 자기 감정을 표현하고, 가족의 회복을 위한 기술을 배울 수 있다. 또한 자신을 잘 보살피고 자기의 공동의존 문제를 살피고 정서적으로 독립해야 한다. 가족은 중독행동에 영향을 덜 받으면서 마음이 안정되고 행복할 수 있어야 한다.

가족이 먼저 건강하고 행복해야 중독자를 제대로 도울 수 있기 때문이다.

　　지금 중독자를 어떤 마음으로 대하는지 자기 마음을 객관적으로 볼 수 있어야 중독자에게 보다 적절한 말과 행동을 할 수 있다. 가족이 중독자를 도와주려고 하다가 오히려 중독자의 회복에 부정적 영향을 미칠 수도 있으므로 자기를 상대 입장에서 살펴봐야 한다.

　　가족은 자기의 문제를 알아차리고 변화하면서 성장하려고 노력해야 한다. 중독자가 바라는 것을 무조건 해 주는 그런 사랑이 아니라 지혜롭고 냉정한 사랑을 해야 한다. 도박 중독자가 빚을 지고 있더라도 돈을 빌려 주지 않고 중독자 스스로 책임지도록 하는 것이 냉정한 사랑이다.

　　가족의 마음챙김은 자기를 객관화해 보도록 하여 지금 이 상황과 상대에 맞는 적절한 행동을 하게 한다. 마음챙김으로 가족이 자기의 욕구나 감정을 알아차리고 중독자에게 덜 집착하게 되어 보다 적절한 도움을 줄 수 있다. 가족은 중독자와 자신을 분리하고 먼저 자신의 행복에 대한 책임을 져야 한다. 마찬가지로 중독자의 회복 책임이 중독자 본인에게 있음을 알려 주어야 한다. 가족이 중독자에 대한 책임을 대신 지겠다고 하면 중독자의 의존심을 더 조장할 수 있다. 알코올 중독자에게 가족은 "당신이 지금 술을 마시면 다시 병원에 입원하게 되고, 그 결과 인생이 더 고통스러워진다.", "지금 외롭고 힘들더라도 그 감정은 곧 지나가 버리니 운동이나 다른 일로 풀어 버리면 술 생각이 줄어들고, 회복을 잘 유지할 수 있고, 나중에 원하는 취업도 가능할 것이다." 등으로 말해 준다.

　가족은 중독자를 무시하거나 자존심을 상하게 하는 말을 해서는 안 된다. 중독자는 열등감이 많은데, 누구보다도 배우자 등 가족에게는 인정받고 싶은 마음이 있다. 그렇기 때문에 가족은 중독자가 회복을 위해 노력하거나 잘한 행동에 대해서는 격려하면서 지지하고 변화할 수 있다는 자신감을 주어야 한다. 의사소통을 할 때도 "무엇을 해서 안 된다."고 말하기보다는 "무엇을 하는 것이 좋겠다."고 말하며, 가능한 한 짧고 구체적으로 말한다.

5) 재발 예방

　회복을 유지하기 어려운 이유는 재발이 잦기 때문이다. 재발은 회복 과정에서 자연스레 일어난다. 재발 원인은 사람에 따라 다르다. 어떤 사람은 외로움일 수 있고, 어떤 사람은 교만한 마음일 수 있다. 대부분은 외로움이나 우울, 불안, 분노 등의 부정적 감정을 잘 관리하지 못하여 일어난다. 중독자 본인이 주로 어떤 경우에 재발하는지를 잘 알고서 재발의 위험성이 있는 상황을 피해야 한다. 또 재발의 위험성을 느낄 때는 자신을 지지해 줄 사람에게 연락하여 도움을 요청해야 한다. 회복 중인 알코올 중독자는 재발 경험을 다음과 같이 말한다.

📖 젊었을 때부터 외로울 때마다 술을 마셨다. 술을 마시면 외로움을 잠시 잊을 수 있었다. 회복 중에도 외로우면 다시금 술을 마시게 되었고, 며칠간 술을 마시고 몸도 돌보지 않아 병원에 실려 가기도 했다. 지금도 외로움이 일어날 때가 있다. 그때마다 마음에서 일어나는 외로움을 주시하면 외로움이 점차 힘이 약해져 지금-여기서 해야 할 일로 마음이 되돌아올 수 있었다.

중독자가 재발했을 경우 가족이나 전문가는 비난하거나 꾸짖어서는 안 되고 옆에서 기다려 주고 지지해야 하며, 회복에 대한 희망을 잃지 않아야 한다.

6) 중독자의 치료

중독자의 회복을 위해 다양한 접근법이 있다. 대표적으로 동기강화상담, 인지행동상담, 12단계 프로그램 등이 있다.

동기강화상담

중독자는 자기 문제에 대한 인식이 없고 변화에 대한 동기가 부족해서 동기를 불러일으켜 주는 상담이 필요하다. 변화에 대한 동기를 높이기 위해서는 공감 표현하기, 불일치감 만들기, 저항

에 맞서지 않기, 자기효능감 지지하기의 네 가지 기본 원리가 제안
된다.

공감 표현하기는 중독자 입장에서 경청하고 신뢰하고 공감하
는 것이다. 불일치감 만들기는 중독자의 믿음이나 기대와 현재 자
신이 하는 행동 간의 불일치를 알도록 돕는 것이다. 도박 중독자는
이제 가장으로서 책임을 다하겠다고 말하지만, 아직 도박행동을 하
는 불일치를 느끼게 한다. 저항에 맞서지 않기는 중독자가 자신에
게 문제가 있음을 알고도 부정하거나 문제행동을 검토하는 것을 거
부할 경우에는 중독자와 논쟁하지 않고 중독자의 말을 잘 들어 주
어 저항이 감소하도록 기다리는 것이다. 자기효능감 지지하기는 중
독자가 지금까지 잘해 온 것에 대해 격려하면서 자신이 원하는 변
화를 이룰 능력이 있고 자신의 행동을 조절할 수 있다는 것을 알도
록 하는 것이다(박상규 외, 2018).

인지행동상담

생각은 행동에 영향을 미친다. 중독자는 중독적 신념을 지니고
있고 사고를 한다. 도박 중독자가 가진 중독적 신념에는 '한 번만 하
고 그만두겠다.'와 같은 허용적 신념과 '도박으로 부채를 갚을 수 있
다.'는 기대 신념 등이 있다. 상담자는 중독자가 가진 중독적 신념
이 왜곡되어 있음을 알게 하고 생각을 바꾸도록 도와야 한다. 인지
행동상담에는 갈망 다루기, 문제해결하기, 스트레스 관리하기 등에
대해서도 가르친다.

12단계 프로그램

12단계 프로그램은 알코올 중독자뿐만 아니라 마약류 중독, 도박 중독 등 다양한 중독자에게 효과가 있으며, 영적 성장을 강조하는 특성이 있다. 먼저 1~3단계는 중독에 무력한 자신을 인정하고 신을 받아들인다. 4~7단계는 자신의 잘못에 대해 성찰하고 고백한다. 8~10단계는 정직한 보속과 보상을 통한 관계 회복을 강조한다. 11~12단계는 영적으로 성장하여 깨달음을 선포한다. 이러한 12단계는 중독자가 영적인 성장으로 자신과의 관계, 타인과의 관계, 신과의 관계 성찰 훈련을 지속해서 수행하는 영성 훈련이다(박종주, 2018).

알코올 중독자를 위한 12단계 프로그램은 다음과 같다.

- 1단계: 우리는 알코올에 무력했으며, 우리 삶을 수습할 수 없게 되었다는 것을 시인한다.
- 2단계: 우리보다 위대한 '힘'이 우리를 건전한 본정신으로 돌아오게 해 주실 것을 믿는다.
- 3단계: 우리가 이해하게 된 대로 그 신의 보살핌에 우리의 의지와 생명을 완전히 맡기기로 시인한다.
- 4단계: 철저하고 두려움 없이 우리 자신에 대해 도덕적 검토를 한다.
- 5단계: 우리의 잘못에 대한 정확한 본질을 신과 자신에게 그리고 다른 사람에게 시인한다.

- 6단계: 신께서 이러한 모든 성격상 결점을 제거해 주시도록 완전히 준비한다.
- 7단계: 겸손하게 신께 우리의 단점을 없애 주시기를 간청한다.
- 8단계: 우리가 해를 끼친 모든 사람의 명단을 만들어서 그들 모두에게 기꺼이 보상할 용의를 갖는다.
- 9단계: 어느 누구에게도 해가 되지 않는 한, 할 수 있는 데까지 어디서나 그들에게 직접 보상한다.
- 10단계: 인격적인 검토를 계속하여 잘못이 있을 때마다 즉시 시인한다.
- 11단계: 기도와 명상을 통해서 우리가 이해하게 된 대로의 신과 의식적인 접촉을 늘리려고 노력한다. 그리고 우리를 위한 그의 뜻만 알도록 해 주시며, 그것을 이행할 수 있는 힘을 주시도록 간청한다.
- 12단계: 이런 단계들의 결과, 우리는 영적으로 각성되었고, 알코올 중독자에게 이 메시지를 전하려고 노력하였으며, 일상의 모든 면에서도 이러한 원칙을 실천하려고 한다.

중독자는 자조모임에 참여하여 참석자들로부터 지지받고 회복에 필요한 정보를 얻을 수 있다. 중독자가 자조모임에 참여하여 자신의 감정 상태를 다른 사람에게 정직하게 표현하는 만큼 회복할 수 있다. 감정 표현을 통해 마음이 정화되고 필요한 조언을 얻을 수 있다. 또 자조모임을 통해 다른 사람을 도울 수도 있어 자존감이 올라가고 '우리'라는 소속감이 증진된다.

자조모임에 참석하여 자신을 정직하게 성찰함으로써 잘못을 반성하고 다른 사람이나 신에게 고백하고 보속하는 과정을 통하여 대인관계가 좋아지고, 영적으로 성장하면서 회복이 잘 유지된다.

7) 중독으로부터의 회복

회복은 삶의 태도가 변하는 것이며 성장하는 것이다. 회복 과정은 중독 이전의 나로 되돌아가는 것이 아니라 원래의 귀중한 나를 찾아가는 과정이다. 중독에서의 회복은 신체 건강과 자존감의 회복, 관계의 회복, 영적 변화를 동반한다. 회복이 되면 마음이 편안해지고, 정직하게 자신을 봄으로써 자신과 타인, 신과의 관계가 좋아진다. 회복은 신체적·심리적·사회적·영적인 성장과 함께 온다.

신체 기능의 회복

알코올이나 마약류를 오래 사용하면 신체 기능에 이상이 생긴다. 회복의 첫 단추는 자기의 신체 건강 상태를 알아보고 건강을 챙기는 것이다. 건강에 이상이 있으면 병원에서 치료를 받아야 한다. 마음가짐을 편안하게 하는 것, 영양가 있는 음식 섭취, 규칙적 운동을 통하여 건강 상태를 잘 관리해야 회복을 유지할 수 있다. 특히 일정한 시간에 일어나고 잠자는 것, 정해진 시간에 식사하는 것 등의 규칙적인 행동이 중독의 회복에 도움이 된다.

갈망 다루기

회복 중인 중독자에게 갈망은 자주 일어난다. 갈망이 일어날 때 갈망을 잘 주시하고 다루어야 재발하지 않는다. 회복자는 각자 자기에게 도움이 되었던 방법을 사용하는 것이 좋다.

효과가 있는 방법으로는 갈망 주시하기, 주의를 다른 곳으로 돌리기, '그만'이라고 말하기, 지지자에게 도움 청하기, 심상화하기, 기도하기, 자기조절에 대한 긍정적 강화 주기가 있다(박상규, 2016). 이러한 방법은 갈망이 일어날 초기에 사용해야 효과가 있다.

갈망 주시하기 | 술이나 마약, 게임 등에 대한 갈망이 일어나면 갈망이 일어나는 것을 알아차린다. 알코올 중독자가 '술을 마시고 싶어하는구나.' 하는 것을 알아차리고 받아들이면 갈망이 줄어든다. 하지만 중독자가 갈망이 일어날 때마다 갈망을 만족시키면 갈망의 힘이 더 강해지고 통제력이 약화되어 갈망의 노예가 된다. 갈망이 일어날 때마다 주시하면 갈망이 점차 약해져서 마침내 사라지고, 통제력이나 자기효능감이 높아진다.

주의를 다른 곳으로 돌리기 | 갈망이 일어나면 얼른 샤워나 운동을 하거나 다른 자극적인 활동으로 주의를 다른 곳으로 돌린다.

'그만'이라고 말하기 | 갈망이 일어나는 것을 알아차리면 '그만'이라고 큰 소리로 세 번 정도 말한다. 그래도 갈망이 일어나면 반복

해서 소리친다. 주변에 사람이 있을 경우는 속으로 '그만'이라고 여러 번 말하는 것이 도움이 된다.

지지자에게 도움 청하기 | 많은 회복자가 사용하는 방법이다. 갈망이 일어나면 지지자에게 전화를 하거나 직접 만나 도움을 청한다. 믿을 수 있는 누군가에게 지금 자기의 마음에서 일어나는 갈망을 솔직히 표현함으로써 마음이 편안해지고 조절할 힘을 얻게 된다.

심상화하기 | 갈망이 일어날 때 행동으로 옮기지 않고, 잠시 멈추어 자신이 갈망대로 움직인 결과를 상상해 본다. 도박 중독자의 경우, 도박에 대한 갈망이 일어나면 행동하지 않고 상상 속에서 각 단계를 밟는다. 도박장에 가서 도박을 하다가 돈을 다 잃고 신용카드로 빌릴 수 있는 돈도 다 빌려서 잃고 비참한 심정으로 터벅터벅 힘없이 집으로 걸어오는 모습을 상상한다.

기도하기 | 갈망이 일어날 때마다 신에게 기도하고 도움을 청한다. "하느님, 도와주소서!", "그리스도여 침착하도록 힘을 주소서." "저의 약한 마음을 주님에게 바칩니다."와 같은 암송을 여러 번 반복하면 갈망이 줄어든다.

자기조절에 대한 긍정적 강화 주기 | 갈망이 일어나면 자신이

다른 것에서 강화를 느낄 수 있으면 좋다. 도박하고 싶은 갈망이 일어날 때마다 일정한 금액을 저축하여 그 돈으로 해외여행을 가는 것 등이다(Clear, 2019).

삶의 태도 변화

회복은 단주나 단도박이 아니라 어제의 나를 반성하면서 영적으로 성장하는 것이다. 다른 사람과 자기를 비교하지 않고 어제의 나보다 더 성숙한 사람이 되기 위해 반성하고 회개하는 과정이다. 과거에 대한 후회나 미래에 대해 걱정하는 대신에 지금-여기에 깨어 자기가 해야 할 일을 찾아서 열심히 사는 것이다. 또 부모로서, 배우자로서, 자식으로서, 사회구성원으로서 해야 할 역할을 다하는 것이다. 상담, 자조모임 등을 통해 자기중심적이고 이기적인 삶의 태도를 벗어나 가족이나 다른 사람의 입장을 생각하고 공감하고 배려하는 삶을 살아야 한다.

중독에서의 회복은 12단계에서 말하는 영적 각성, 깨어 있음을 유지하면서 지금-여기서 자신이 해야 할 일을 하는 것이다.

중독자는 회복 과정에서 자신을 더 정직하게 성찰하고 자기를 사랑하면서 가족이나 타인을 배려하게 된다. 또 주변의 사소한 것에 감사할 힘을 가진다. 회복 중인 중독자가 성장함으로써 가족이나 다른 사람이 더 편해지고 가족의 행복감이 높아진다.

중독의 원인이면서 재발의 계기가 되는 것 중 하나는 대인관계 문제이다. 다른 사람과 관계를 잘하기 위해서는 그 사람의 입장에서 생각하면서 경청하고 공감하는 것, 나–표현법 등을 배울 필요가 있다. 전문가는 중독자의 사회 기술 정도를 알아보고, 부족한 사회 기술을 가르쳐 주어야 한다.

중독자가 자기 삶의 의미를 찾고 실현하는 것은 회복 유지에 기여한다. '내 삶의 의미가 무엇인가? 삶의 목적이 무엇인가?'를 생각하는 것은 회복 동기를 가지게 하며 회복을 잘 유지하는 데 도움이 된다. 회복은 원래의 나, 참나를 찾아가는 과정이며 자연인으로서 내가 되는 것이다. 또 회복은 '내 안의 부처', '신의 품성'을 밝히는 과정이다.

"중독은 불행의 친구이다." 중독자는 불행하기 때문에 불행에서 도피하려고 중독 대상을 찾는다. 중독자가 행복의 기술을 배워 지금–여기서 행복하면 중독 대상에 집착하지 않을 수 있다.

다음 사례와 같이 중독에서 회복 중인 사람은 가족과의 관계가 좋아지고 일상의 사소한 것에 감사하게 된다(박상규 외, 2018).

> 📖 중독에 빠져 있을 때에는 소소한 행복을 알아차리지 못했다. 마치 앞만 보고 달리는 경주마 같았으나 회복되면서 주위를 둘러보고 사소한 일에서 행복을 느낄 수 있었다. 회복되면서 '내가 이래서 중독이 되었구나!' 하면서 자신을 더 성찰하게 되었다. 변화되어 가는 나 자신이나 주위 관계에서 행복을 느끼고 있다(남, 40대).

📖 우울하고 자존감이 낮아서 술을 마셨다. 알코올을 통해서 우울한 기분과 열등감을 잊어버리고 싶었다. 이제 회복하면서 자녀를 부양하고 직장에 다니면서 힘이 들더라도 만족감을 느끼고 감사하면서 살아간다. 가족과의 관계나 자신과의 관계가 좋아지면서 행복하다. 하나하나 얻어 가고 배워 가면서 성장하는 것에서 행복감을 느낀다(남, 40대).

📖 행복은 함께하는 것이 중요하다. 가족이나 자조모임, 친구 등 함께하는 사람이 있으면 중독을 벗어나는 데 도움이 된다. 회복하면 더 성장하게 되고, 성장하면 나름대로 행복을 찾는다. 성장하면 소소한 것에서 행복을 찾을 수 있다. 중독 탓에 잃어버렸던 가족이나 친구, 사소한 것에서 행복을 찾는다(남, 50대).

중독자가 회복하는 과정이 의미가 있고 즐거우면 회복이 잘 유지된다. 가족이나 전문가는 중독자의 가치관이 무엇인지, 중독자가 무엇을 즐거워하는지를 알아보고 즐거운 행동을 하도록 격려해야 한다. 중독자는 중독 대상 이외에 다른 일에 대해서는 무기력하기에 가족이나 전문가가 함께하는 것이 효과가 있다.

가족이나 상담자는 중독자가 변화를 위한 행동을 할 때 적절히 보상하는 것이 좋다. 만약 중독자가 '지금 마약을 하면 자신이 나중에 큰 피해를 입을 것이다.'라는 것을 알면서도 지금 마약을 하는 것은 즉각적인 보상이 크기 때문이다. 흡연도 장기적으로 피해를 보는 것을 알지만 지금 당장은 담배를 피우는 것이 보상이 있기 때문이다. 하지만 흡연에 대한 갈망이 일어날 때마다 가족과 외식을 하기 위해 일정한 돈을 저금통에 넣는다면 금연이 더 유지될 수 있다 (Clear, 2019). 자기조절은 나쁜 습관을 없애는 것에 보상이 주어질 때 효과가 있다.

숲속 산책이나 명상 등 자연과 더불어 시간을 보내는 것은 마음을 정화시킨다. 자연 속에서 나무와 물, 바위와도 대화할 수 있으며 자연을 통해 많이 배울 수 있다. 겨울날에 매화나무에 꽃망울이 잠들어 있음을 보고 어려운 처지에서도 희망을 가질 수 있다. 초기에는 명상 지도자와 함께하는 것이 좋다.

❖ 회복은 등산가가 산 정상을 올라가듯이 오르막과 내리막을 반복하면서 올라간다. 재발하더라도 포기하지 않고 다시 일어서서 가면 된다.

2. 자기조절이 가져다주는 행복

알코올이나 마약을 하면 일시적으로는 기분이 좋을 수 있으나 장기적으로 자신과 가족이 불행에 **빠지게** 된다. 사람은 고통을 피하려 하고 쾌락에 집착한다. 하지만 쾌락이나 고통이라는 감정은 고정되어 있지 않고 변화하는 마음의 현상이다. 개인이 중독 대상을 통하여 쾌감을 찾기 시작하면 점점 더 강한 자극을 찾게 되며, 조절이 되지 않게 되어 결국 자신과 가족을 불행하게 한다.

행복하기 위해서는 지금-여기서 일어나는 자기의 욕구나 감정을 잘 알아차리고 적절하게 조절해야 한다. 중독의 특성은 자기조절이 어렵다는 것이다. 알코올 중독자는 지금 일어나는 자기의 갈망을 잘 주시하면서 처음 한 잔의 술을 피해야 한다. 갈망이 일어날 때는 '갈망이 일어나는구나!' 하고 알아차린다. 그리고 갈망대로 행동하면 자신과 가족이 앞으로 어떻게 될 것인가를 상상할 수 있어야 한다. 지금 마음에서 일어나는 갈망을 만족시키려 하기보다는 갈망이 일어날 때 알아차리면서 갈망의 결과가 어떻게 될 것인지를 이성적으로 생각하고 행동하는 습관을 가져야 중독의 삶에서 회복할 수 있다.

누구나 주어진 자기 역할을 다하기 위해서는 상황에 맞게 말과 행동을 해야 하는데, 이는 자기조절력이 기본이 된다. 돈에 집착한 나머지 수단과 방법을 가리지 않고 돈을 벌려고 하는 것, 권력에 취한 나머지 더 많은 권력을 오래 유지하고 싶어하는 것, 영성적인 일에 빠져 진작 자신이 해야 할 역할을 소홀히 하는 것도 중독으로 볼 수 있다.

좋은 일이든 나쁜 일이든 집착하지 않아야 한다. 무슨 일이든 집착하지 않을 때 상황에 맞는 적절한 행동을 할 수 있고 가족이나 주변 사람들에게 피해를 주지 않을 수 있다. 누구나 지금 이대로의 자신이 귀중한 존재임을 믿어야 자기가 해야 할 일을 하면서 자기 행복에 도움이 되지 않는 일은 하지 않을 수 있다.

자존감이 낮은 사람은 외적 조건에 따라 쉽게 흔들리고 중독 대상에 빠질 가능성이 높다. 반면, 자존감이 높은 사람은 자신의 욕구나 분노를 잘 조절하기 때문에 행복감이 높아진다. 개인이 자기를 통제하는 힘이 클수록 행복감이 증가된다(한정연, 2008). 중독에서 회복 중인 사람은 자기의 갈망을 잘 조절함으로써 자존감이 높아지고, 그래서 자기조절에 대한 효능감이 일어난다. 성 중독자가 성적 갈망이 일어날 때 갈망을 주시하면서 조절했던 것을 자주 경험하면 성취감을 얻고 자존감이 올라가면서 성장하게 된다.

최근 스마트폰은 인간에게 편의를 제공하지만 다양한 중독을 유발하고 있다. 스마트폰을 잘 활용하면서 중독되지 않기 위해서는 조절력을 강화하는 것이 급선무이다. 우리 사회에서 마음챙김 명상을 학교 수업 과정에서 배우도록 하는 등 자기조절력 향상을 위한 교육이 필요한 시기이다.

3. 중독 예방과 회복을 위한 자기조절의 기술

자기조절 기술로서 마음챙김은 다른 행복 기술과 중복되는 주요 기술로 제안한다. 자기 문제 인정하기, 마음챙김하기, 규칙적으로 행동하기, 자세 바르게 하기, 심상화하기 등은 중독 예방과 회복에 도움이 된다.

◉ **자기 문제 인정하기** 변화는 자신의 중독 문제를 인정하는 것에서부터 시작한다. AA(Alcoholic Anonymus, 알코올 중독자 자조모임) 12단계의 1단계에서 강조하듯이 자신에게 중독 문제가 있고 조절되지 않는다는 것을 인정해야 변화할 수 있다. 많은 중독자가 자신은 중독 문제가 없고, 조절이 가능하다는 부정의 방어기제를 무의식적으로 사용한다. 자신에게 문제가 있음을 인정하지 않는 이상 변화에 대한 동기는 일어나지 않는다. 가족이나 전문가의 지지와 도움은 중독자가 자기 문제를 인정하는 데 도움을 준다.

◉ **마음챙김하기** 중독 대상에 대한 갈망이나 충동을 지속적으로 관찰하는 마음챙김은 중독의 예방과 회복에 도움이 된다. 갈망이나 감정을 알아차리는 나, 주시하는 나, 참나가 강해질수록 중독 대상의 유혹에 덜 흔들리게 되고, 잠시 흔들리더라도 빨리 안정을 찾을 수 있다. 갈망이 일어나면 '갈망이 일어나는구나!' 하고 알아차리고 받아들이면 마음이 편안해지고 갈망이 약해지면서 조절이 가

능하게 된다.

◉ **규칙적으로 행동하기** 하루의 일과를 규칙적으로 하는 것이 조절력 향상에 도움이 된다. 매일 일정한 시간에 일어나고 일정한 시간에 잠을 자면서 자신이 해야 할 일을 정하고 실천한다. 몇 시에 기상해서 몇 시에 무엇을 하고 몇 시에 잠을 자는지 등을 구체적으로 정하고 실천하면 마음이 단순해지고 편안해진다. 또 자기 스스로 정한 규칙과 규정을 잘 지키면 자기조절력이 강화되고 자존감도 상승된다.

◉ **자세 바르게 하기** 일상에서 척추를 똑바로 세우면서 가슴을 펴는 자세는 자기조절력의 기본이 된다. 요가 등으로 몸의 자세를 잘 조절하는 것은 마음을 조절하는 데 영향을 미친다.

◉ **심상화하기** 갈망이 일어날 때 행동하지 않고 결과를 심상화하는 것이 조절에 도움을 준다. 지금 일어나는 갈망이나 충동대로 행동하면 그 결과가 어떻게 될 것인지를 미리 상상하면 그런 행동을 하지 않을 수 있다. 도박에 대한 갈망이 일어날 때 지금 일어나는 갈망대로 행동했을 때의 결과를 상상해 본다. 술을 마시고 싶은 욕구대로 했을 때 그 결과가 어떻게 될 것인지를 상상하면 술에 대한 갈망이 줄어든다. 자기가 충동대로 행동하였을 때 일어날 수 있는 부정적인 결과를 충분히 자각하면 갈망이 줄어들고 행동을 조절할

수 있다.

지금 내가 다른 사람에 대해 분노감이 일어나고 있다고 하자. 그럴 경우 '분노감이 일어나서 화를 낸다면 그 결과가 어떻게 될 것인가?' 하고 생각할 여유가 있으면 자기와 타인을 보호할 수 있다.

알코올 문제가 있는 대학생이 술을 마시고 싶은 갈망이 일어나면 '지금 내가 갈망대로 행동한다면 가게에서 소주를 사고 밤새 술을 마시고 다음날 아침에 일어나지 못하고 학교에 지각하고 수업에도 집중하지 못해 성적이 떨어질 것이다.' 하고 상상할 수 있다. 또 갈망을 잘 조절한 후에 자신이 바라는 일이 이루어진 모습을 상상한다. '술을 마시지 않고 참으면 그 시간에 공부를 하게 되고, 학교 수업도 잘 집중되어 성적이 좋아질 것이다.' 하고 상상한다. 자신이 바라는 것이 잘 이루어진 모습을 자주 그려 보면 목적을 달성할 가능성이 높아진다.

◉ **자기 감정 표현하기** 갈망 욕구가 일어나면 자신이 믿을 수 있는 협심자, 후원자, 지지자, 친구에게 감정을 있는 그대로 표현한다. 감정을 표현하면 실제 행동으로 옮겨 가지 않는다. 누구에게 말로 표현하기 어려울 때는 자기 감정을 글이나 또 다른 방법으로 표현한다. 자기 감정을 어떻게든 표현함으로써 마음이 가벼워지고 안정되어 조절력이 높아진다. 분노가 일어날 때에도 그런 감정을 믿을 수 있는 사람에게 말하거나 글로 표현하면 분노행동을 조절하는 데 도움이 된다.

◉ **'그만' 하고 소리치기** 스트레스가 일어날 때 사용하였듯이 갈망이 계속 일어나면 큰 소리로 '그만' 하고 말한다. 한 번에 잘 되지 않으면 세 번 더 말하고 또 되지 않으면 그런 과정을 계속 반복한다. 다른 사람이 옆에 있으면 속으로 '그만' 하고 말한다.

◉ **자신감 가지기** '이제는 내 마음을 통제할 수 있다.', '회복할 수 있다.'는 자신감을 가진다. 자신이 통제할 수 있다는 믿음이 없으면 중독 대상에 쉽게 넘어간다. 회복에 대한 자신감을 가지는 것은 중독행동을 계속하기 위해서 '나는 조절할 수 있다.'고 자기를 속이는 부정의 방어기제와는 구별된다.

◉ **인내하여 문제를 해결하기** 힘든 상황을 잘 견뎌 냄으로써 자기효능감이 올라가고 자기를 조절할 수 있다. 어려운 문제가 있을 때 쉽게 포기하거나 가족이나 다른 사람에게 의지하기보다는 시간이 걸리더라도 자기 스스로 깊이 생각하면서 문제를 풀어 나가는 것을 연습하면 자기효능감이 올라가고 조절력이 향상된다.

◉ **기도하기** 알코올치료공동체에서 회복한 한 분은 "갈망이 일어날 때마다 주의 기도, 성모송 등을 반복해서 암송하여 회복을 잘 유지하고 있다."고 말한다. 같은 기도문을 반복하면 마음이 편안해지고 조절력이 높아진다. 자기의 신앙에 맞는 기도문을 소리 내거나 속으로 반복하는 것은 갈망을 조절하는 데 도움을 준다.

◉ **감사 일기 쓰기** 중독자가 회복할수록 감사의 능력이 증가되며, 감사할수록 회복이 잘 유지된다. 사소한 것에서 감사하는 것을 연습하는 것, 감사 일기를 쓰는 습관은 행복감을 높이고 중독 대상에 대한 갈망을 줄여 준다.

◉ **일이나 취미 활동에 몰두하기** 자신이 좋아하는 일이나 건전한 취미 활동에 몰입하는 것이 좋다. 스트레스를 받을 때 다른 건전한 활동으로 풀어 버리면 중독 대상을 덜 찾게 된다. 또 자신이 좋아하는 운동을 규칙적으로 하면 중독 대상에 대한 집착이 줄어든다. 땀이 날 정도의 운동을 매일 규칙적으로 하는 것은 조절력 향상에 도움이 된다. 초기에는 누군가 함께하는 것이 좋다.

◉ **자조모임 참석하기** AA 12단계, GA 12단계 등의 자조모임에 참석하여 자신의 문제를 객관화해서 보면 자기 문제를 인식하게 되고 필요한 정보를 얻을 수 있어 자기조절에 도움이 된다.

◉ **환경 바꾸기** 중독의 요인 중 하나는 근접성이다. 중독자가 중독행위를 계속하기 어려운 환경에 있으면 중독에 대한 갈망이 줄어들고 갈망이 일어나더라도 쉽게 행동으로 옮기지 못하여 재발을 예방할 수 있다. 마약 중독자의 경우 마약과 관련된 전화번호를 다 없애고 마약과 관련된 사람이나 환경에서 멀어져야 한다. 도박 중독자의 경우 필요한 용돈 이외에는 돈을 가지고 다니지 않아야 한다.

토의 주제

○ 중독을 예방하기 위해서 어떻게 해야 하는가?

○ 회복하기 위해서 필요한 기술은 무엇인가?

04
자신에게 편해지기

<3분 호흡명상>

지금부터 약 3분간 호흡명상을 하겠습니다.
먼저 허리를 똑바로 세우십시오.
고개는 들고, 어깨와 몸의 힘을 빼십시오.
부드럽게 눈을 감고 몇 차례 깊고 길게 호흡합니다.
이번에는 평소와 같이 호흡하면서
코끝에서 숨이 들어오고 나가는 것을 알아차립니다.
숨이 들어오면 들어오는 것을 알아차리고,
나가면 나가는 것을 알아차립니다.
중간에 어떤 생각이 떠오르면 그 생각을 알아차리며 다시 호흡에 집중합니다.

1. 자존감

1) 자기를 바로 보기

사람이 자기를 존중하지 않으면 다른 사람의 평가나 외부 상황에 따라 자주 마음이 흔들린다. 다른 사람의 말이나 태도에 자기 기분이 동요되는 것은 인간으로서 자신이 귀중한 존재라는 것을 깊이 자각하지 못하기 때문이다. 누가 뭐라고 말하든, 자신이 어떠한 처지에 있든 자기의 본성이 귀중함을 알고 스스로 존중해야 한다.

자존감은 자기에 대한 주관적 평가로서 정신건강의 주요한 지표이다. 자존감은 자기를 있는 그대로 받아들이고 인정하는 것에서 시작한다. 자기를 사랑하고 존중하되 자기만 귀중하게 생각하는 것이 아니라 다른 사람도 자기와 마찬가지로 귀중한 존재라는 것을 알고 존중해야 한다. 이런 자존감은 대개 부모와 같은 유의한 타자들과의 관계 성격에 의해 형성된다(이하원, 박홍석, 2017).

어려운 문제라도 포기하지 않고 스스로 잘 해결해 나가면 자기 효능감이 높아진다. 하지만 문제를 직면하지 않고 회피하거나 남에게 의존하면 문제해결력이 낮아지고 자존감도 떨어진다. 그럴 경우 술이나 게임 등으로 위로받고자 한다.

자기를 있는 그대로 인정하는 것이 자존감의 기본이다. 다른 사람에게 인정받고 싶은 욕구가 일어날 때마다 '지금 내가 다른 사람에게 인정받고 싶구나!' 하고 알아차리면 불필요한 행동을 하지 않아 자존감을 유지할 수 있다. 자기를 인정하고 수용하면 그 밑에 억압되었던 자기의 또 다른 모습이 보이기 시작한다. '내가 어릴 적에 부모님에게 인정받고 싶었는데 인정을 못 받아서 화가 나고 수치심이 일어났구나!' 하는 것을 알게 된다. 자신의 모습을 있는 그대로 수용하면 마음이 편안해지고 대인관계가 편하다.

자존감과 행복 간에는 상관이 있다. 자존감이 높은 사람은 대인관계가 좋고 행복하다(Diener & Diener, 1995). 행복한 사람은 자존감이나 자기 신뢰감이 높다. 자존감은 행복을 유발하고 행복한 사람은 개인의 성장과 발전에 도움이 되는 심리적 자원을 가진다(구제선, 2009). 자존감이 높으면 외부의 자극이나 고통에 덜 흔들릴 수 있어 내적으로 평안해진다.

사람이 자기의 감정을 억압하거나 부정하기보다는 감정이 일어날 때마다 있는 그대로 수용함으로써 보다 편안하게 현실에 잘 적응할 수 있다. 다음 사례에서 대학생 C양은 장학금을 받지 못하였으나 그것을 계기로 자기를 성찰하게 되었다고 한다.

> 📖 대학생 C양은 열심히 공부했는데 아쉽게도 이번 학기에는 장학금을 받지 못하였다. C양은 억울한 마음이 들기도 하였고 좀 더 열심히 하지 않은 것에 대해서도 자책하였다. 하지만 마음챙김을 하고 마음이 안정되면서 장학금을 받지 않더라도 자기가

귀중하고 행복하다는 사실을 알게 되었다. "내가 우리 학교에서 1등을 하지 않아도 나는 귀중하다는 것을 알았다. 내 자존감이 성적이나 어떤 사람의 평가로 달라지지 않는다는 것을 알게 되었다. 그리고 지금까지 내가 다른 사람들의 인정이나 칭찬에 쉽게 흔들리면서 살아왔음을 알게 되었다. 또 이번 경험을 통해서 무엇을 배울 것인가를 생각하였다. 나는 공부를 열심히 하지만 요령이 없어서 그럴 수 있다는 것도 알게 되었다."고 말하였다.

C양은 '나는 잘하고 있다.', '이만해도 다행이다.', '그래도 괜찮다.' 하면서 자기를 추스르게 되었다. C양은 자신이 이번에 장학금을 받지 못한 것을 계기로 자기를 성찰하게 되었으며, 결국 자존감이라는 것은 있는 그대로의 자기를 존중하는 것임을 알게 되었다.

자존감이 낮은 사람은 다른 사람이 가진 돈이나 권력, 외모 등의 조건으로 그 사람의 가치를 평가하려 한다. 또 남들이 자기를 어떻게 보는지에 따라 자신을 평가하고, 브랜드, 학력이나 외모 등을 선호하고 집착하기도 한다. 반면, 자존감이 높은 사람은 스스로 귀중한 존재임을 알기에 욕심과 집착이 적고, 다른 사람이 어떻게 보든 있는 대로의 자기를 존중하면서 겸손하다. 또 고통을 잘 참아 내는 특성이 있다.

시간을 내어 자기 내면의 귀중한 것들을 만나 보아야 한다. 일기 쓰기, 상담받기 등도 도움이 된다. 태어나면서 지금까지 자기 삶을 차례로 정리해 본다. 지금까지 나는 어떻게 살아왔는지, 즐거운 때는 언제였는지, 괴롭고 고통스러운 때는 언제였는지를 알아봄으로써 자기를 더 이해하고 사랑할 수 있다(마가 스님, 이주영, 2008). 그러면서 부모에게는 어떤 자식이었고, 자녀에게는 어떤 부모였고, 어떤 제자였고, 어떤 형제였으며, 어떤 친구였는지를 글로 적어 보면 자기에 대한 이해가 깊어진다. 자기가 힘들었던 때나 부끄러웠던 때를 살펴보고 그런 자기를 토닥여 주는 것이 자기 사랑이다. 자기를 속이지 않고 있는 그대로 인정하고 받아들일 때 자존감이 높아진다.

학력에 대해 열등감이 있는 사람은 자신의 낮은 학력 때문에 남들이 무시한다고 나름대로 추측하면서 다른 사람을 학력에 따라 평가하려는 경향이 있다. 하지만 그 사람이 지금 '내가 학력 때문에 열등감이 있구나!'라는 사실을 인정하면 마음이 편안해지면서 불필요한 행동을 하지 않게 된다. 또 '나는 지금까지 배운 지식으로도 다른 사람에게 봉사할 수 있는 것이 많은 사람이다.' 하고 생각하면서 다른 사람을 도울 수 있다. 지금 이대로의 나를 인정하고 존중하면 내가 해야 할 일에 보다 잘 집중할 수 있어 일의 성과를 높일 수 있다.

자존감이 낮은 사람은 실제로 자기를 무시하고 미워하고 우습게 보면서도 남은 자기를 사랑하고 존중해 주기를 바라는 모순이 있다(이동식, 1997). 또 자신에게 있는 귀중한 것을 찾아보지 않고 자기를 부정적으로만 보려고 하면서 다른 사람이 자기와 다르게 봐 주기를 속으로 바란다. 자기가 스스로를 인정하지 못하기에 남이 인정해 주기를 바란다. 이런 사람은 남에게 좋은 인상을 주고자 불필요한 말이나 행동을 하게 된다. 그리고 다른 사람이 자기를 인정해야 자기도 자기를 귀중한 사람으로 인정할 수 있다는 잘못된 생각을 한다. 어린 시절에 부모가 자기를 사랑해 주지 않아서 수치심을 느끼고 자기를 부정적으로 보려는 왜곡된 생각이 성인이 된 지금까지도 지속되고 있다.

자존감이 높은 사람은 자기를 깊이 이해하면서 지금 이대로의 자기를 받아들이고 감사한다. 또 뿌리 깊은 나무가 바람에 잘 흔들리지 않듯이 어려운 상황에서도 좌절하지 않고 묵묵히 문제를 해결해 나간다.

지금 자기가 하는 일이 다른 사람으로부터 인정을 받고자 하는 것인지, 하고 싶어서 하는 일인지 등을 질문해 보는 것도 좋다. 자존감이 높은 사람은 무엇을 하든 그것이 다른 사람의 인정과 사랑을 받기 위해서가 아니라 자기의 가치관이나 삶의 의미에 따라 행동한다.

삶의 의미를 가지면서 일하는 사람은 자기를 존중하는 사람이다. 인간의 행동이 자유 의지에 달려 있는 것은 분명하지만, 이런 자유가 근거 없는 제멋대로의 자유와 혼동되어서는 안 되고 책임감의 견지에서 해석될 필요가 있다. 인간은 어떤 상황에서 올바른 해답을 내려야 할 책임이 있으며 그 상황의 진정한 의미를 찾을 책임이 있다. 그리고 그러한 의미는 주어지는 것이 아니라 이성적 판단으로 찾아야 한다(Frankl, 2017).

자존감이 높은 사람은 마음이 편안하기에 지금 이 상황에서 필요한 말이나 행동은 하지만, 하지 않아도 될 말이나 행동은 하지 않는다. 무슨 일이든 자기를 믿고 스스로 해결하려고 하기 때문에 자기가 가진 잠재력이 계발되고 대인관계도 원만하다. 다른 사람에게 불필요하게 의존하지 않으므로 대인관계에서도 자신감이 있고 다른 사람도 그 사람을 존중하게 된다.

자존감과 정신건강

정신이 건강하다는 것은 자존감이 높다는 것이다. 높은 자존감은 정신건강의 보호요인이며, 낮은 자존감은 우울증, 섭식장애, 청소년 비행, 중독과 같은 정신장애의 위험요인이다(권혜수, 최윤정, 2017). 자존감이 높은 사람은 마음이 안정되어 있으며 현실에서도 자신감을 가지고 문제를 잘 해결해 나간다. 그리고 다른 사람이 자기를 거절하거나 무시하더라도 덜 흔들리고 빨리 제자리를 찾게 된다.

청소년을 대상으로 한 연구에서 자존감과 또래관계, 행복은 서로 상관이 있었다. 이전 시점에서 또래애착이 높을수록 자존감이 높았고, 이전 시점에서 자존감이 높을수록 이후에 삶의 만족도가 높았다. 청소년기의 낮은 자존감은 이후에 삶의 만족도를 저하시킨다(황매향, 최희철, 임효진, 2016). 청소년기에는 자아정체감이 형성되어 감에 따라 자신의 삶에 대해 통찰하고 삶에 대해 주관적인 평가를 하는데, 이 같은 과정에서 자존감은 발달과 적응을 촉진해 삶의 문제를 잘 해결하게 한다.

개인이 자기를 사랑하고 존중하면 마음의 여유가 있어 가족이나 주변 사람을 더 잘 배려하게 된다. 자신이 일부러 다른 사람의 뜻에 맞추는 것이 아니라 자신과 타인이 모두 귀중하고 사랑스러운 존재이기에 자연스레 다른 사람을 배려한다.

자존감이 낮은 사람은 자신을 부정적으로 평가하여 다른 사람의 눈치를 보거나 반대로 타인에게 공격적인 행동을 보여 관계가 불편해진다.

어렸을 때 부모로부터 거절당하지 않고 인정과 존중을 받은 사람은 자연스레 자기를 인정하고 존중한다. 어린아이는 부모로부터 받은 인정의 힘으로 자기를 인정한다. 부모가 자기를 인정하는 대로 자녀는 자기를 인정하고 귀중하게 생각한다. 하지만 부모에게 적절한 관심을 받지 못하고 존중받지 못한 경험이 있으면 자신을 부정적으로 평가하고 수치심이 들 수 있다.

하지만 어린 시절에 부모에게 사랑을 받지 못하였더라도 상담 혹은 자기성찰을 통해서 자기를 사랑할 수 있다. 누구로부터 사랑을 받기 때문에 소중한 존재라는 것에 앞서 본래 인간이 소중한 존재라는 것을 자각하여 자기를 존중하게 된다. 또 그 당시 부모의 입장을 이해하면서 부모 나름의 방식으로 자신을 사랑했다는 것을 알게 된다.

어떤 사람은 어린 시절 어머니가 자신을 무시하고 방임하였다는 것에 대해 원망해 왔는데, 상담을 받으면서 "지금 생각하니 어머니는 나를 사랑하셨네요. 어머니가 감정 표현을 잘 못하셨던 것 같아요."라고 말하면서 눈물을 흘렸다. 과거에 자신이 부모로부터 사랑받은 기억을 떠올려 보면 부모가 그리워지고 자기를 더 아끼고 사랑하게 된다. 자기성찰을 통해 자기가 사랑받았던 존재, 사랑받을 만한 귀중한 존재임을 확인하게 된다. '어머니가 그 힘든 환경에서도 나름대로 나를 사랑했구나!' '어머니가 나를 사랑하셨구나!'라는 것을 자각하면 자기에 대한 사랑과 존중감도 일어난다. 자존감이 올라가면서 부모에 대한 태도도 긍정적으로 바뀐다.

2) 나를 버리는 자존감

자기에 편해지기: 순수한 마음 찾기

지금까지 심리학에서 주로 연구되는 자존감은 에고(ego)의 자존감이다. 하지만 내가 있다는 아상(我相)은 누가 아니라 내 마음이 만든 것이다. 순수한 어린아이의 마음, 원래의 마음 혹은 수행이나 은총을 통해서 얻어지는 무위(無爲)의 상태에서는 마음이 편안하면서 자유를 느낀다. 노자를 비롯한 많은 성인은 무위의 자존감, 망아(忘我)의 자존감이 진정한 자존감이라 말하고 있다. 이런 무위의 자존감은 자연과 함께할 때, 어떤 일에 몰입할 때와 같이 자연이나 일에 합치되는 느낌이다.

지금 잠시 내 몸이 편안한지, 호흡이 편안한지를 살펴본다. 나라는 생각, 내가 옳다는 생각, 내가 무엇을 이루었다는 생각 등 이상에 사로잡혀 있으면 몸과 호흡이 편안하지 않음을 느낄 수 있다. 하지만 나라는 생각이 없는, 무위 상태에서는 다른 사람의 인정을 받거나 자기가 무엇을 성취했을 때의 자존감과 달리 한없이 평온하고 자연스럽다.

순수한 마음, 무위의 상태에서는 자기가 해야 할 일을 하면서 타인도 존중한다. 자기와 타인의 구별 없이 모두 귀중한 존재로 대하면서 지금 자기가 해야 할 일을 자연스레 하게 된다. 무위의 상태가 진정으로 자존감이 높은 상태이다.

일상적인 마음인 습심(習心)에서 거리를 두고 자기를 성찰함으로써 우주와 자연과 하나가 된 자기를 발견하며, 자기와 초월적 근원과 궁극적인 합일을 체험하게 된다. 누구나 수행을 통해서 성인, 지인, 부처가 될 수 있는 만큼 우리 모두가 귀중한 존재임을 느끼게 된다(박승현, 2016). 무위의 자존감은 진정한 자기로 사는 것이고, 원래의 순수함을 찾는 것이다. 원래의 자기, 순수한 동심의 모습인 자기를 찾을 때의 편안함과 만족감을 가지는 것이다. 그리스도가 말씀한 '어린아이의 마음'이 곧 진정으로 자존감이 높은 상태이다.

자기 마음을 주시할수록 자기를 더 잘 이해하고 사랑할 수 있다. 특히 힘들 때는 자신이 가진 신성, 부처의 품성을 믿고 의식적으로 지금-여기에서 자기 내면의 영성을 만나는 것이 좋다. 그리스도도 "네 안에 천국이 있다."고 말하지 않았는가? 붓다도 "모든 생명에는 부처의 품성이 있다. 자기가 곧 부처이다."고 말하였다. 중생은 자기의 본래 품성이 부처임을 깨닫지 못하는 사람이다. 일어났다가 사라지는 자기의 감정이나 생각, 행동을 순수하게 지켜보는 주인공의 본질이 참나, 부처의 품성과 같은 것이다. 지금 내가 무엇을 생각하고 행동하는지를 자각하는 참나가 영성의 기능이다.

　불교에서는 참선과 마음챙김 등의 수행으로 자기의 본모습이 참나임을 자각하게 한다. 성철 스님도 "나 자신이 흙덩이고 똥덩이인 줄 착각하며 살았는데, 알고 보니 이 모든 것이 다 진금이다. ……천하부귀를 다 누린다 해도 내가 본시 순금이라는 이 소식에 비하면 아무것도 아니다."라고 하였다(퇴옹 성철, 2018). 지금 이 자리에서 내 본성이 부처와 같이 소중하다는 것을 자각하면 다른 사람도 귀중한 존재임을 알고 존중하게 된다. 살면서 힘들 때마다 자신의 본성인 신성, 신의 품성을 의식적으로 알아차리면서 힘을 얻고 주인공으로서 살아가야 한다. 지금 불우한 환경에 처해 있으면 자기 내면에서 빛나는 주인공을 더 자주 만나야 한다. 나의 본모습인 참나를 인정하면 힘과 용기를 품고 살게 된다.

　나는 수업시간이나 프로그램을 진행할 때 학생들이 보는 앞에서 손가락에 끼고 있던 금반지를 빼어 물어본다. "이것이 무엇입니까?"라고 질문하면 "금반지"라고 대답한다. 다음에 일부러 금반지를 바닥에 던지거나 더러운 오물 속에서 넣었다 꺼낸 후에 다시 "지금 이것이 무엇입니까?"라고 질문한다. 모든 사람이 "금반지"라고 말한다. 마찬가지로 우리가 지금 어떤 환경에 있는지 과거에 어떻게 살아왔든지 어떤 잘못을 행했든지 우리의 본성은 변함없이 귀중하다. 어떤 보석보다 더 귀중하고 아름다운 것이 자기의 본모습, 참나이다.

❖ 집착과 욕심이 없는 무위의 상태가 진정한 자존감이다.

2. 자기 보살피기

누구나 자기를 잘 알고 보살펴야 한다. 그 책임은 자기에게 있다. 자기가 귀중한 만큼 스스로를 잘 이해하고 보살펴야 한다. 대인관계에서 다른 사람의 말이나 행동에 대해서 어떻게 반응하느냐

하는 것도 자기에게 달려 있음을 알고 어떤 행동이든 자기가 선택하고 책임져야 한다. 본인은 스스로 자기가 해야 할 일에 책임을 다하지 않으면서 다른 사람이 자기를 인정하고 보살펴 주기를 바라는 것은 정신이 건강하지 않다는 것이다. 누구나 해야 할 일에 책임을 지고 확실하게 일을 해야 한다. '진인사대천명(盡人事待天命)'이라 하듯이 우선 자기 스스로 해야 할 일을 정성을 다해서 한 다음에는 그 결과는 하느님에게 맡겨야 한다.

자기와 타인을 올바로 이해하지 못할 때는, 다른 사람을 도와준다는 것이 오히려 피해를 주기도 한다. 어머니가 건강하지 못하면 자녀를 사랑한다는 것이 자녀를 불행하게 만들 수 있다. 나는 자녀의 스마트폰 문제로 힘들어하는 어머니에게 "자녀의 중독 문제를 해결하기 위해서는 먼저 어머니 자신이 자기를 잘 보살피십시오."라고 말한다. 자기 자신이 건강하고 자기를 올바르게 이해해야 자녀를 잘 양육할 수 있다.

자기가 귀중한 만큼 지금 자기와 함께하는 이 사람이 소중하다. 누구나 자기에게는 지금 이 자리 이 사람이 가장 귀중하다. 만약 직장을 다른 곳으로 옮겼다면 과거에 다니던 직장을 그리워하거나 원망하기보다는 지금 자신이 다니는 직장을 사랑하면서 자기 역할을 다해야 한다. 사람도 과거에 어떤 사람보다도 지금 옆자리에 있는 사람이 가장 귀중하다. 모든 것은 다 지나간다고 생각하면서 몸이 있는 지금-여기에 집중하고 일하면서 감사해야 한다.

항상 자기를 돌보면서 스스로를 존중할 수 있는 행동을 선택해야 한다. 자존감이 높으면 스트레스나 어려운 환경에 낙담하지 않고 잘 이겨 나갈 수 있고, 자기 목적을 성취할 가능성이 높다. 자기에 대한 집착이 없으면 상황이 좋지 않거나 실수하더라도 덜 흔들리면서 자신을 한층 더 성장하게 한다. 맹자는 다음과 같이 말하면서 어려울 때 자기를 격려하라고 하였다.

> 하늘이 장차 큰 임무를 어떤 사람에게 내리려 할 때는 반드시 그의 마음을 괴롭게 하고, 그의 근골을 힘들게 하며, 어떤 일을 행함에 그가 하는 바를 뜻대로 되지 않게 어지럽힌다. 이것은 그의 마음을 분발시키고, 성질을 참을성 있게 해 그가 할 수 없었던 일을 해낼 수 있게 도와주기 위한 것이다.

불안하고 우울할 때는 자기 손을 가슴에 대고 천천히 문지르면서 "그래도 괜찮다.", "이만해도 다행이다.", "너라서 이만큼이라도 해 왔다.", "앞으로 더 잘될 거야.", "이 또한 지나갈 거야." 하면서 자기 마음을 토닥여 주는 것도 좋다. 힘들 때는 자기 감정을 상담자나 믿을 수 있는 누군가에게 표현해야 한다. 만약 자기 감정을 이해하고 표현하기 어려우면 자기 신체의 느낌을 알아차리는 것으로 감정을 깨달을 수 있다. '머리가 아프다.' '답답하다.' '아랫배가 굳어 있다.' '손에서 땀이 난다.' '혈압이 오른다.' 등을 관찰하면서 자기 몸의 느낌을 자각하고 감정을 알아차린다. 글을 쓰거나 그림을 그리거나 몸짓으로 자기 감정을 마음껏 표현하는 것도 자기를 사랑하는 방법이다.

지금의 상황이 어렵고 힘들다는 생각이 들더라도 문제를 인정하고 수용하면, 시간 차이가 있으나 내면에서 울리는 목소리를 들을 수 있다. 어떤 일에 실패했을 때, 자신은 실패자라고 생각하여 포기할 수도 있으나 '쥐구멍에도 볕 들 날 있다.'는 믿음으로 희망을 가지고 살아가면 머지않아 자기의 뜻을 이룰 수 있다.

📖 졸업을 앞둔 대학생 B군은 시간을 아껴 가면서 열심히 공부하였으나 입사 시험에 실패하였다. B군은 실망하였으나 이내 용기를 내어 자기를 토닥이면서 시험 실패의 원인을 분석하였고, 앞으로 더 좋은 곳에 합격할 수 있도록 철저히 준비하였다. 6개월 후 B군은 이전에 지원했던 곳보다 자신에게 더 맞는 좋은 회사에 취업할 수 있었다.

B군의 사례와 같이 실패를 디딤돌 삼아 더욱 노력하여 자신을 성장시킨 사례는 우리 주변에 무수히 많다. 살아 있는 한 끝이 아니다. 끝은 또 다른 시작일 뿐이다. 실수나 잘못을 통해서 배우면 된다. 그것이 중요하다. 실패를 끝이라 생각하고 포기하거나 실패에서 배우지 못하면 불행한 삶을 살게 된다.

과거 자신이 성취한 경험을 한 번씩 생각하는 것 또한 자신감을 가지게 한다. 어려운 상황을 잘 이겨 낸 경험이나 보람을 느꼈던 일을 다시 회상하는 것은 자기를 잘 이해하게 하고 삶에 대한 용기를 준다.

어려운 일도 '나는 잘 해결할 수 있다.'는 믿음으로 적극적으로 대응하면 문제를 잘 해결할 수 있다. 낮은 학력과 가난으로 수치심을 느끼던 여성이 있었다. 그녀는 수치심을 잊기 위하여 마약을 하고 중독되어 교도소에 수용되었다. 그 후 자기를 성찰하면서 마약에 손을 대기 시작한 것이 열등감을 극복하기 위한 비뚤어진 우월감이라는 것을 깨닫고, 진정으로 자기를 사랑하기 시작했다. 지금 그녀는 정기적으로 봉사를 하면서 대학원에 다니고 있다(강선경, 문진영, 양동현, 2016).

지속적으로 자기를 알아차리는 마음챙김은 자기를 보살피는 기본이다. 마음챙김을 하면서 주어진 상황에 만족하고 감사하면서 자신이 할 수 있는 일부터 하나씩 해결해 나가면 일의 성과도 높이고 행복감도 유지할 수 있다. 진정 우리를 힘들게 하는 것은 어떤 상황이 아니라 그 상황을 자신이 '어렵다' '힘들다'고 생각하는 것이다. '어렵다' '힘들다'는 생각도 일어났다가 사라지는 현상임을 알고 자기를 믿고 편안하게 할 일을 해야 한다. 자기를 존중하고 마음에 여유가 있으면, 어떤 사람이 잘못이 없는 자기를 비난하고 무시할 때 한 발 물러서서 '이 사람이 불쌍하구나!' '이 사람이 많이 힘들었구나!'라고 생각할 수 있다. 자기 마음이 불편한 사람은 여유가 없고 다른 사람을 배려할 힘이 부족하다.

스스로에 대해서 가장 잘 알고 있는 사람은 본인이다. 그렇기에 자기 마음을 정직하게 보면서 자기를 보살펴야 한다. 감기가 심해서 일찍 퇴근해서 병원에서 진료를 받고 쉬어야 하는 상황인데도, 직장 상사에게 잘 보이려는 마음으로 끝까지 남아 있다가 건강이 더 악화되어 결국 자신과 직장에 피해를 주는 사람도 있다. 이처럼 다른 사람의 인정을 받고자 자기를 보살피지 않는 것은 자기를 소외시켜 몸과 마음을 힘들게 한다.

바라던 일이 잘 진행되지 않으면 낙담할 수도 있다. 그때는 무엇보다도 고생한 자기 몸부터 잘 보살펴야 한다. 마음이 안정되면 지난날 자신이 어려움을 잘 이겨 냈던 기억을 회상해 보거나 자신의 처지와 비슷했던 사람이 문제를 잘 해결해 나가는 것을 모델링해 본다. 힘들 때일수록 자기 몸부터 건강하게 잘 돌보는 것에서 시작해야 한다.

❖ 힘들 때일수록 자기를 주시하여 마음을 안정시키고, 상황을 명확히 보면서 자신감을 가져야 한다.

3. 자기존중의 기술

◉ **마음챙김하기** 자존감은 마음챙김과 관련이 있다. 어떤 상황에서도 마음챙김이 되면 자존감이 유지된다. 지금 일어나는 감정이 긍정적이든 부정적이든 있는 그대로 자기 감정을 잘 주시하고 수용하면 마음이 편안하다. 반대로 감정을 억압하거나 부정하면 신체 건강도 좋지 않고 대인관계도 나빠지며 자존감도 낮아진다.

◉ **동심으로 돌아가기** 어린 시절 순수했던 동심으로 돌아간다. 다른 사람과 비교하지 않고 순수한 본연의 모습을 찾아간다.

◉ **자기 내면의 영성을 자각하기** 힘들 때일수록 자기 내면에서 신성, 참나를 자주 만나야 한다. 영성이란 내가 나를 사랑하고 타인을 사랑하면서 타인에게 사랑받을 수 있는 힘이다. 영성이 내 마음의 주인공임을 자각하여야 한다.

◉ **자기의 장점, 성취한 것을 자주 찾아보기** 자기를 잘 이해하는 만큼 자신을 사랑할 수 있다. 특히 자신감이 떨어질 때는 자기의 장점이나 과거에 성취한 일들을 다시 살펴본다. 자기의 장점이나 강점을 재확인하면 자신감이 일어나고 문제를 해결할 수 있다는 용기가 생긴다.

힘들 때는 거울을 보면서 자신이 잘한 것, 장점을 생각하면서

'나는 잘할 수 있어.', '모든 것은 지나간다.', '힘내자.' 등으로 자기를 격려한다.

◉ **자신에게 편지 쓰고 격려하기** 힘들 때 스스로에게 위로와 격려의 편지를 써 보자. '최선을 다했다.', '열심히 살았다.', '너라서 그만큼이라도 했다.', '잘했다.' 하면서 자신을 토닥여야 한다. 지금 무력감을 느낀다면 가장 친한 친구에게 격려하듯 스스로를 인정하고 격려한다.

◉ **가슴을 펴고, 멋진 옷을 입고, 이발하고, 신나게 행동하기** 행동이 달라지면 마음도 달라진다. 힘이 빠지거나 자신감이 없을 때는 자기가 가진 옷 중에서 제일 잘 어울리는 옷을 입고, 신발을 신고, 이발을 하는 등 외양과 행동을 바꾸어 기분을 변화시킨다. 또 짧은 시간이라도 크게 웃고, 자주 미소 지으며 신나게 행동하고, 무리가 되지 않는 한 평소에 먹고 싶었던 음식을 먹거나 가지고 싶은 물건을 구입해서 스스로에게 선물을 준다. 남에게 보이기 위해서가 아니라 자신에게 선물을 한다는 마음가짐으로 실천해 보자.

◉ **생각을 긍정적으로 바꾸기** 부정적으로 생각한다면 생각을 긍정적으로 바꿔 보자. 사업에 실패했더라도 '나는 망했다.'고 생각하기보다는 '비싼 수업료를 내고 공부했다.'고 생각하면 기분이 달라진다.

◉ **운동하기** 운동을 하면 기분을 좋게 하는 세로토닌 등의 물질이 분비된다. 땀이 날 정도의 운동은 건강에 도움을 줄 뿐 아니라 자존감을 높인다. 좋은 풍광을 보며 산책하는 것도 좋다.

◉ **관계 잘하기** 대인관계에 자신이 있으면 자존감이 올라간다. 편안한 마음으로 다른 사람의 입장을 생각하면서 상황에 맞게 행동하면 된다.

◉ **봉사하기** 봉사하면 자존감이 향상된다. 다른 사람을 돕는 것은 결국 자기를 돕고, 자기를 사랑하는 길이다. 봉사할 때 자기가 무엇을 기대하거나 바라면 봉사에 몰입할 수 없다. 순수한 마음으로 다른 사람에게 봉사하면 기분이 좋아지고 자존감이 높아진다. 봉사와 마찬가지로 처지가 어려운 사람에게 돈이나 선물을 기부하는 것 또한 자존감을 높인다. 어떤 사람은 자기의 지식을 다른 사람에게 나누어 주는 것으로, 또 어떤 사람은 청소를 돕거나 빨래를 해주는 것으로 봉사할 때 자존감이 높아진다.

◉ **지금 이대로의 자기에 만족하기** 지금 이대로의 자기가 귀중함을 자각하고 존중해야 한다. 지금의 자기에게 만족하며 감사한다. 다른 사람과 비교하거나 다른 사람에게 인정받는 것이 아니라 지금 이대로의 자기를 인정하고 감사한다. 힘든 상황에서도 참나를 자각하면서 자기를 존중해야 문제가 해결된다.

◉ **용서하기** 자기에게 잘못한 사람을 용서하는 것은 자존감을 높여 준다. 먼저 스스로에게 잘못한 일이 있으면 그것을 깨닫고 자기를 용서할 수 있어야 한다. 다른 사람이 자기에게 한 잘못을 용서할 때 자존감이 높아지면서 마음이 편안해진다.

◉ **자기성찰하기** 자기를 정직하게 성찰하는 것은 자존감을 높인다. 지금까지 살아온 자기, 총체적인 자기의 모습을 자주 성찰하면 자존감이 높아진다.

◉ **규칙적으로 행동하기** 규칙적으로 행동하는 습관은 자존감을 높인다. 정해진 규칙을 잘 지켰다는 것은 자기효능감을 높게 한다.

◉ **감사 일기 쓰기** 감사한 일을 자주 찾아보고 감사할 때 자존감이 올라간다. 감사와 행복, 자존감이라는 세 친구는 늘 함께 다닌다. 감사하면 행복하고 행복하면 자존감이 높아진다. 또 행복하면 자존감이 높아지고 더 감사할 수 있다.

토의 주제

○ 나를 존중하기 위한 기술에는 어떠한 것이 있는가?

○ 나를 존중하고 사랑하기 위해서는 어떻게 해야 하는가?

05
즐거운 일상 보내기

<3분 호흡명상>

지금부터 약 3분간 호흡명상을 하겠습니다.
먼저 허리를 똑바로 세우십시오.
고개는 들고, 어깨와 몸의 힘을 빼십시오.
부드럽게 눈을 감고 몇 차례 깊고 길게 호흡합니다.
이번에는 평소와 같이 호흡하면서
코끝에서 숨이 들어오고 나가는 것을 알아차립니다.
숨이 들어오면 들어오는 것을 알아차리고,
나가면 나가는 것을 알아차립니다.
중간에 어떤 생각이 떠오르면 그 생각을 알아차리며 다시 호흡에 집중합니다.

1. 몰입의 즐거움

몰입의 행복

행복한 사람은 잘 몰입할 수 있는 사람이다. 운동, 예술, 독서, 연구와 같이 건전하고 자연스러운 일에 몰입할수록 행복하다. 하지만 알코올이나 마약, 도박 등 인위적으로 기분을 좋게 하는 것은 부작용이 크고 중독의 위험이 있다.

즐거운 일에 몰입하는 것은 자기를 잊어버리는 것, 무아(無我)를 경험하는 것이다. 사람은 어떤 일에 몰입한 경험이 있으면 그 행동을 다시 하려고 한다. 몰입 경험이 많을수록 행복하다. 자신이 과거에 어떤 일에 몰입하고 즐거워했는가를 알아보라. 그 일이 건전하다면 그 일을 지금 다시 해 보라. 등산을 좋아했던 사람이라면 다시 등산을 하면서 즐거움을 느껴 본다. 젊었을 때 기타를 치면서 즐거웠던 사람은 지금 다시 기타를 연주해 본다. 예술가처럼 자신이 좋아하는 일에 몰입하는 사람은 행복하고 수명이 긴 편이다. 몰입하는 일이라도 과정은 힘들 수 있으나 시간이 지난 후에는 힘든 과정이 다 행복한 기억으로 남는다.

몰입의 성과

어떤 일을 하든 온 마음을 다해서 몰입하면 일에 대한 성과도 높다. 대장장이가 호미를 하나 만들더라도 자기 혼을 다하여 만들면 그 호미는 오랜 기간 잘 사용할 수 있는 명품이 된다. 글을 쓰든,

직장에서 일을 하든, 무엇을 하든지 몰입해야 자신도 즐겁고 효과도 있다.

일상에서 몰입하기

직장에서 자기 일을 하면서 일에 몰입할 수 있는 사람은 행복하다. 직장에서 몰입의 즐거움을 찾지 못할 때는 퇴근 후에 운동이나 다른 몰입할 수 있는 취미생활로 삶의 질을 높일 수 있다. 행복한 사람은 무엇인가에 몰입할 수 있고 어떤 상황에서도 몰입할 수 있는 무엇을 찾을 수 있다. 지금 자신이 교도소에 수용된 상황일지라도 그 안에서 독서, 글쓰기, 운동, 기술 배우기 등 나름의 몰입할 것을 찾아보고 시간을 잘 활용하면 된다.

지금 이 상황에서 할 수 있는 즐거운 일, 신나는 일, 몰입할 수 있는 건전한 일이 무엇인지 찾아보고 실천해 본다. 누구나 제한된 시간을 살아간다. 미루지 말고 '지금' 이 상황에서 자신이 하고 싶은 일, 즐길 수 있는 일을 찾아서 한다. 자기가 원하는 최고의 것이 아니더라도 지금 자신이 할 수 있는 것 중에서 가장 몰입할 만한 일을 찾아서 하면 삶의 질이 높아진다.

나는 글을 쓰거나 책을 읽을 때 몰입의 기쁨을 느낀다. 보통 새벽 5시경에 일어나서 한 시간 정도 글을 쓰면서 시간 가는 줄 모르는 즐거움을 느낄 때가 많다. 또 학교에서 강의하고 학생들과 대화하는 것을 즐긴다. 때로는 중독자를 대상으로 상담에 몰입한 후에 삶의 보람과 의미를 느끼기도 한다.

📖 Y씨는 40대에 대학원에서 상담심리 석사과정을 밟게 되었다. 평소 '나는 누구인가?'를 자주 생각하였고, 고통받는 사람을 도와주고 싶은 마음이 많았기 때문이다. 대학을 졸업한 지 20년이 지나 다시 공부하기가 쉽지 않았으나 차츰 수업에 적응하였다. 수업을 통하여 새로운 것을 배우고, 교수님과 대화를 통하여 공부에 즐거움을 느꼈으며, 공부하는 자신이 정말 대견하였다. Y씨는 어렵지만 공부를 시작한 것을 너무 잘했다고 생각했으며 삶에 생동감을 가지게 되었다.

상담을 공부하면서 자신이 어린 시절에 부모님에게 상처받은 것도 떠올랐으나 그 당시 부모님의 입장을 이해할 수 있었다. Y씨는 스스로를 토닥여 주었으며 자신이 부모와의 관계에서 느꼈던 어려움이 간혹 가족관계나 직장에서 동료들과의 관계에서 반복됨을 성찰하였다. 그리고 자신이 다른 사람에게 받고 싶은 마음으로 주변 사람을 도우려 했다는 사실도 알게 되었다. 지금 Y씨는 자신의 장점과 단점을 있는 그대로 받아들이면서 '완벽하지 않아도 괜찮다.' 하면서 자신을 성찰하는 즐거움에 빠져 있다.

Y씨 사례와 같이 자신이 하고 싶은 공부나 일을 할 때 몰입할 수 있고 행복하다. 배우고 공부하고 깨닫는 즐거움은 행복의 근원이다. 죽을 때까지 배울 수 있는 사람의 마음은 늙지 않는다.

많은 사람이 직장에서 일하면서 기쁨을 찾지 못한다. 생계를 위해서 일한다고 생각하기 때문이다. 하지만 이왕 일할 바에는 그 일에서 의미를 찾고 일하면 즐겁고 일에 대한 성과도 높아진다.

자기의 생각을 바꾸거나 의미를 부여하면 즐거운 마음으로 일을 할 수 있다. 화장실 청소를 하면서도 이곳을 사용하는 사람이 좀 더 기분 좋기 바라는 마음으로 한다면 그 과정에서 즐거움을 느낄 수 있다. 무슨 일이든 즐거운 마음으로 의미를 가지고 일하면 피로감이 줄어들고 행복하다. 반대로 무슨 일을 하든 싫어하거나 짜증을 내면 그 시간은 자기를 괴롭히는 불행한 시간이다. 같은 일을 하더라도 봉사하는 마음으로 하면 기분이 좋다.

유대 문화에서는 돼지고기를 먹지 않는다. 그러나 유대인의 경전인 『탈무드』에는 "이왕 돼지고기를 먹을 바에야 맛있게 먹으라."는 말이 있다. 지금 좋아하는 일을 하는 사람은 행복하다. 만약에 지금 자신이 하는 일이 좋아서 하는 일이 아니더라도 해야 하는 일이라면 의미를 가지고 즐겁게 해 보라. 지금 자신이 하는 일이 단지 돈벌이를 위해서 하는 일이라 생각하기보다는 직장과 사회의 발전에 기여하는 것이라 생각하면 일하는 과정이 좀 더 즐겁고 기쁠 것이다.

📖 대학생 A양은 장애인 시설에서 봉사하면서 장애인의 맑은 영혼과 순수함을 만나는 것이 너무 좋다고 한다. 장애인과 대화

를 나누고 청소를 할 때는 자기를 잊어버리고 금방 시간이 지나 간다고 하였다. 몸이 피곤하거나 바쁜 일이 있을 때면 봉사하러 가기 싫은 날도 있지만 그래도 봉사를 다녀오면 봉사 가기 전에 비하여 훨씬 더 많은 행복을 느낀다고 하였다.

📖 B군은 요즘 검도를 배우고 있다. 검도장에서 다른 사람과 시합을 할 때는 다른 생각이 떠오르지 않고 오직 시합에 집중했다. 시합을 마치고 땀이 난 몸을 씻을 때면 무엇과도 비교할 수 없는 희열감을 경험한다고 하였다.

몰입은 과정도 중요하지만, 그 결과가 자신의 마음에 기쁨과 보람으로 남고 타인에게도 도움을 줄 수 있어 행복감이 높아진다.

📖 20대 미혼인 C군은 회사에서 받은 스트레스를 풀기 위하여 친구와 같이 나이트클럽에 갔다. 그곳에서 처음 만난 매력적인 이성과 술을 마시고 모텔에서 하룻밤을 같이 보냈다. 아침이 되어 두통에 시달리면서 어젯밤에 자신이 한 행위에 대하여 죄책감이 들었다. C군은 무거운 마음으로 회사에 출근하면서 지난밤

의 일이 부끄럽고 후회가 되었다. 그 후 C군은 회사에서 스트레스를 받을 때는 친구와 같이 운동하는 것으로 풀면서 직장에서의 스트레스를 잘 관리하고 있었다.

C군 사례와 같이 나중에 후회할 일은 피해야 한다. 이 일이 장기적으로 나에게 이익이 될 것인지를 생각해야 한다. 지금 마음이 울적하고 무력감을 느낀다면 자신이 몰입할 수 있는 무엇인가를 찾아 실천해 보라. 짧은 시간이라도 자신이 좋아하는 운동이나 예술 활동을 한 후에 공부나 일을 하면 일 자체가 즐겁고 성과도 높아진다. 어떤 사람은 추운 날씨에 위험한 산을 등반하면서 즐거움을 느낀다. 또 어떤 사람은 주말이면 봉사하면서 보람과 즐거움을 느낀다. 무슨 일을 하든 그 일에 집중하면서 의미와 보람을 느끼는 사람은 행복하다.

좋아하고 몰입하는 내용은 주관적이다. 어떤 일이든 자신이 몰입할 수 있는 것을 찾아서 즐기면 된다. 가족이나 주변 사람의 격려나 지지하는 힘이 된다. 자신의 가치관에 맞는 일을 찾고 가족이나 주변 사람이 지지해 주면 그 일을 오래 지속할 수 있다.

건강하게 몰입할 일이나 취미가 없는 사람은 알코올이나 게임, 도박 등에 중독될 가능성이 높다. 알코올치료공동체에서 회복 중인 분들은 기도하기, 자조모임 참석하여 경험담(진실성 있는 경험담) 들기, 시 짓기, 요리, 운동, 음악 감상, 독서 등을 하면서 조금씩 즐거움을 느끼고 있다. 중독자가 술을 마실 때는 술을 마셔야 즐겁고 사람들과 잘 어울릴 수 있다고 생각하였으나 회복이 되면서 알코올 없이도 행복할 수 있음을 알게 되었다.

❖ 내가 몰입할 수 있는 일을 찾아서 자주 몰입하면 행복하다.

2. 여가 생활하기

여가 생활은 삶을 더 생동감 있게 만든다. 일을 잘하는 사람은 적절하게 휴식 시간을 갖고 자기를 충전한다. 장자는 "성인휴휴(聖人休休), 즉 성인은 쉬고 또 쉴 뿐이다."라고 하여 성인은 모든 것을 내려놓고 쉬는 여유가 있다고 하였다. 쉬어야 건강을 지킬 뿐 아니라 영감이 나온다(차경남, 2016). 쉬어야 할 때 잘 쉴 수 있는 사람은 건강하고 행복한 사람이다.

취미생활에 도움이 되는 것은 여행, 운동, 독서, 요리, 글쓰기 등이 있다(박상규, 2019). 일을 할 때는 일에 집중하되, 일을 마친 다음에는 취미생활을 하면서 여가를 잘 활용해야 한다.

📖 50대인 Y씨는 삶에 대한 의욕이 없었고 삶이 무료했었다. 그러다가 대학교에 다닐 때 기타를 치면서 즐거웠던 기억이 났다. Y씨는 집 주변에 기타 교습실이 있는 것을 보고 등록하여 기타를 다시 배우게 되었다. 요즘에는 시간이 나면 기타를 치면서 노래를 부르는 것에 행복해한다.

📖 A씨는 여행이 취미이다. 해외여행을 즐기는 것이 아니라 시간이 나면 혼자서 국내의 경치 좋은 곳을 선택해 여행한다. 여행을 가면 그곳의 아름다운 풍경에 빠지고 지금 이 시간이 행복하다고 느꼈다. 한번 여행을 다녀오면 적어도 2주 이상은 행복감이 지속됨을 알고 시간을 내어 자주 여행을 떠나고 있다.

기타를 배우는 Y씨와 여행을 취미로 삼고 있는 A씨 같이 어떤 일에 취미를 가지면 삶이 윤택해지고 생동감이 든다. 지금 자신의 여건에서 할 수 있는 취미를 골라서 실천해 보자. 좀 더 행복해질 것이다.

다음 사례의 M양과 같이 취미생활을 하면서 경제적인 이득도 얻을 수 있다.

> 📖 대학생인 M양은 취미로 머리핀과 같은 액세서리를 만들었다. 머리핀 등을 만들고 있을 때는 기분이 좋다고 한다. M양은 예술적인 안목이나 솜씨가 뛰어나서 만든 머리핀 등을 온라인 상에서 판매하면서 괜찮은 수입을 올리고 있다. 대학등록금이나 생활비를 머리핀 등의 판매 수입으로 충당한다. 또 수익의 일부를 가난한 사람들을 위한 단체에 기부하고 있다.

누구나 자신이 하고 싶은 일을 할 때는 행복하다. 처음에는 그렇게 좋아하지 않은 일이라도 자주 반복하고 성과를 냄으로써 그 일이 취미생활로 바뀔 수 있다. 기계를 조립하는 일에 종사하다가 취미생활로 무엇을 조립하는 것을 즐기게 된 사람도 있다. 취미로 하던 일로 전문가가 된 사람도 있다. 어떤 교사는 글쓰기를 취미로 하다가 작가로 활동하고 있다. 무슨 일이든 그 일에 몰입할 수 있어야 자신도 행복하고 사회의 발전에도 기여한다.

❖ 여행을 통해서 새로운 것을 경험하고, 새로운 나를 만난다.

3. 즐거운 일상을 위한 기술

◉ **지금 이 상황에서 몰입할 수 있는 건전한 일 찾기** "나중에 시간이 되면 해 보겠다." 하고 미루다가 영영 하지 못할 수 있다. 자신을 기쁘고 행복하게 할 수 있는 일이면 미루지 마라. 지금 이 상황에서 자신이 할 수 있는 것 중에서 가장 몰입할 수 있는 것을 선택하라.

◉ **취미생활하기** 운동, 시 읽고 쓰기, 음악 연주와 감상, 그림 그리기와 감상, 독서, 영화 보기, 여행, 요리, 명상 등 취미생활을 한다. 특히 시 읽기나 독서를 통해서 작가의 마음을 느낄 수 있다. 또 자기의 감정을 예술로 표현하면 삶의 활력과 의미를 가지게 된다.

◉ **지속적으로 하기** 지금 하는 일이나 취미가 자신과 가족을 행복하게 하는 것이면 지속적으로 해야 한다. 젊어서 배운 좋은 취미를 죽을 때까지 계속하는 사람은 행복한 노후를 보낸다. 친척 중 한 분은 구십이 되어도 매일 기타를 치고, 동양화를 그리고, 규칙적으로 운동하고 계신다. 대학생이면 지금부터 자신이 좋아하는 예술 분야나 운동 등 취미생활을 찾아 계속해 나가라.

토의 주제

○ 내가 즐겁고 행복할 수 있는 취미에는 어떠한 것이 있는가?

○ 내가 몰입할 수 있는 것은 무엇인가?

06
만족스러운 삶살기

<3분 호흡명상>

지금부터 약 3분간 호흡명상을 하겠습니다.

먼저 허리를 똑바로 세우십시오.

고개는 들고, 어깨와 몸의 힘을 빼십시오.

부드럽게 눈을 감고 몇 차례 깊고 길게 호흡합니다.

이번에는 평소와 같이 호흡하면서

코끝에서 숨이 들어오고 나가는 것을 알아차립니다.

숨이 들어오면 들어오는 것을 알아차리고,

나가면 나가는 것을 알아차립니다.

중간에 어떤 생각이 떠오르면 그 생각을 알아차리며 다시 호흡에 집중합니다.

1. 성취감 얻기

달리기를 할 때 그냥 달리는 것도 기분이 좋지만 어떤 목표를 정하고 달리면 더 빨리 달릴 수 있고 성취감도 가질 수 있다. 우리 삶도 목표를 정하고 살아가면 삶에 생동감을 가질 수 있다. 특히 힘든 일을 이루게 될 때는 성취감이 더 높아진다.

자기가 좋아하는 것, 비교적 잘하는 것을 목표로 정해야 한다. 하지만 목표로 정한 일을 무조건 열심히 하기보다는 효과적으로 해야 한다. 지금까지 해 오던 대로 생각하고 행동하기보다는 상황을 잘 분석하여 지금 이 상황에 가장 효과가 있는 방법을 찾아서 해 본다. 욕심에 매이지 않고 총체적 상황을 보고 대처해야 한다.

자기 건강에 맞지 않는 무리한 일을 하면 건강도 나빠지고 가족이나 주변 사람도 힘들게 된다. 목표를 향해서 한 걸음 한 걸음씩 앞으로 나아가면서 자기 처지와 상황에 맞게 힘을 조절해야 한다. 해야 할 일이 많을수록 지금 자신이 할 수 있는 일에는 한계가 있으므로 긴급하고 중요한 것부터 하나씩 해결해 나간다.

목표가 있으면 힘 있게 살아갈 수 있다. 목표가 없으면 대충 살아가거나 삶이 무료하고 중독 대상에 빠질 가능성도 있다. 자기가 잘할 수 있는 일, 좋아하는 일 중에서 일단 목표를 정하고 그 목표를 달성하기 위해서 노력해 본다. 일을 하다가 그 일이 자기에게 맞지 않는다는 것을 알게 되면 목표를 바꿀 수도 있다.

목표를 이루기 위해서는 목표를 이룰 수 있다는 자신감과 믿음이 있어야 한다. 목표를 달성하기 위해서는 철저하게 준비해야 하고, 결정에 대한 책임은 온전히 자신이 져야 한다. 다른 사람에게 의존하거나 운에 기대는 것은 위험하다. '복권에 당첨되면 ~할 것이다.'와 같은 생각으로 목표를 이루지 못한다.

사람들이 일을 하면서 점차 성취감을 가지면 그 일에 만족하면서 행복감도 증진된다. 직장에서 업무를 통해 얻은 성취감은 자신을 행복하게 하면서 가정과 사회 발전에도 기여한다.

성공에서 중요한 것은 성실성이다. 어떤 사람이 성실하다는 것은 자기 말에 대해 책임을 지면서 주어진 자기 역할을 다하는 것이다. 역할을 다한다는 것은 그냥 열심히 하는 것이 아니라 창의성을 발휘하여 정성을 다하는 것이다. 매사에 지금보다 더 나은 방법이 있는지를 찾아가면서 성실하게 일한다. 성실한 사람은 언젠가는 자기 꿈을 이룰 수 있으며 사회로부터도 인정받는다. 하지만 성취감에 집착하기보다는 과정 자체를 즐길 수 있어야 삶의 질이 높아진다.

바꾸고 싶었으나 쉽지 않았던 습관을 바꿨을 때도 성취감을 가진다. 일을 자꾸 미루던 사람이 미루지 않고 제때 일을 하거나, 아침 일찍 일어나지 못하던 사람이 일찍 일어나고 규칙적인 행동을 하면 성취감을 가진다. 다른 사람의 부탁을 거절하기가 어려웠던 사람이 거절을 잘했을 때도 자신감을 가지게 된다.

긍정적 마음 가지기

📖 L대령은 우리나라 최초로 국산 비행기를 설계하고 개발한 사람이다. 당시에는 남들이 다 어렵다고 포기하였지만 할 수 있다는 신념으로 국산 비행기 KT-1을 만들어 냈다. 시간이나 예산의 부족과 당시 우리나라의 기술 수준으로 불가능하다고 주변에서 만류했지만 신념을 가지고 문제들을 하나씩 해결해 나갔다. 독실한 가톨릭 신자인 그는 "어려운 고비마다 하느님께 기도하였으며, 힘든 일을 성취할 때 기분이 좋았다."고 고백하였다.

"호랑이에게 물려 가도 정신만 차리면 산다."라는 말이 있듯이 어려울 때일수록 더 많이 깨어 있으면서 용기를 가지고 자신을 격려해야 한다. L대령은 힘들 때마다 '나는 할 수 있다.'는 신념으로 스스로를 격려하면서 어려운 과업을 이루었다. 목표를 달성하기 위해서는 마음을 편안하게 하면서 자신의 일에 집중해야 한다.

실행력 가지기

목표를 정했으면 그것을 실행해야 한다. "구슬이 서 말이라도 꿰어야 보배다."라는 말이 있듯이 생각에만 그칠 것이 아니라 행동으로 실천해야 한다. 아무리 좋은 생각이라도 행동으로 옮기지 않으면 그것은 자기 생각일 뿐이다.

진정으로 성공하기를 바란다면 성공할 수 있는 행동을 지금부터 실천해야 한다. 당장은 어렵게 보이더라도 희망을 품고 하나씩 계획대로 실천해 나가라. 때로는 예기치 않았던 일이 일어나더라도 자신을 격려하면서 전진해야 한다. 높은 산을 등산할 때 정상을 바라보면서 힘들더라도 포기하지 않고 한 걸음씩 걷다 보면 마침내 정상에 도달하듯이 목표를 바라보면서 꾸준하게 올라가면 언젠가는 정상에 설 수 있다. 산에 가지 않으면 정상에 오를 수 없듯이 지금 시작하지 않으면 목표를 이룰 수 없다.

자기의 강점이나 장점 이해하기

모든 사람은 장단점이 있다. 성공한 사람은 자신이 가진 단점이나 결점을 잘 파악하되 장점에 더 집중하면서 장점을 잘 활용한다. 자기 결점에 집중하면 의욕이 줄고 삶의 질이 떨어진다. 결점을 보완할 수 있는 만큼 보완하되 완벽을 바랄 필요는 없다. 그보다는 장점이나 강점을 잘 활용하는 것이 성공 가능성을 높인다. 지금 자신이 가진 장점이나 강점이 무엇인지를 정확히 알고 그것을 어떻게 활용할 것인지에 대해 구체적인 계획을 세우고 실천하라. 자신이 가진 강점이나 장점을 잘 알기 위해서는 자기성찰뿐 아니라 전문가 면담이나 심리검사가 도움이 될 수 있다.

지금 자신이 가지고 있지 않은 것을 생각하고 한탄하거나, 남을 부러워하면서 시간을 보내거나 과거의 실패에 집착하여 시간을 낭비하는 것은 실패자의 모습이다. 성공한 사람은 지금 자신이 가진 장점과 자산을 잘 알고 상황을 잘 분석하여 장점이나 강점이 잘 활용될 수 있는 전략을 만들어 실천한다.

지난날에 성공했던 경험 생각해 보기

과거에 자신이 성공했던 경험을 생각해 보고 그때의 경험을 회상하는 것은 자신감을 가지는 데 도움이 된다. 과거에 자신이 글쓰기를 좋아하고 그것 때문에 상을 받거나 칭찬받은 일이 있다면 글쓰기를 시작하라. 특히 힘든 시기에는 지난날에 어려움을 잘 이겨 내었던 기억을 떠올리면서 그때의 성취감을 느껴 보라. 성공한 경험, 성취감을 가졌던 경험을 되새기는 것은 기분을 좋게 하면서 희망과 자신감을 가지게 한다. 문제가 잘 해결되지 않을 때는 과거에 이보다도 힘든 일을 잘 해결했던 기억을 회상하는 것도 좋다. 지난날에 자신이 성공했던 경험, 성취감을 가졌던 경험을 재평가하는 시간을 가져야 한다.

실패와 고난을 발전의 계기로 삼기

살아 있는 한 실패와 실수를 하는 것이 인간이다. 중요한 것은 실패와 실수를 스승으로 삼아서 한층 발전하는 것이다. 실패의 경험은 자기를 새롭게 보게 하고 사람과 상황을 더 잘 이해하도록 하여 자신을 한 단계 성장시킨다. 알량한 자존심을 지키고 싶은 사람이 아니라면 과거의 실패에 대한 핑계나 후회로 자책에 빠지는 대신

에 잘못한 일을 통하여 교훈을 얻고 그곳에서 한층 더 성장해야 한
다. 살아 있는 한 게임이 끝나지 않았음을 믿고 다음 게임을 준비해
야 한다.

실패를 했을 때 우리가 선택할 수 있는 건 두 가지이다. 실패와
잘못에 주저앉으면서 과거를 후회하는 시간으로 보내든지, 아니면
실패를 스승으로 삼아 새로운 방법을 모색하든지 둘 중에서 하나를
선택해야 한다.

실패했더라도 '실패를 통하여 많은 것을 배웠다.'고 생각하면
한층 더 성장할 수 있다. 자기 위로가 아닌 객관적이고 냉정한 현실
적 판단 위에서 실패로부터 배움이 있어야 한다. 하지만 도박 중독
자가 '지금까지 돈을 따지 못한 것은 기술이 부족했기 때문이다. 이
제부터는 돈을 딸 것이다.'는 생각으로 도박을 다시 하는 것은 잘못
된 생각이고 망상이다. 과거를 제대로 성찰하고 배웠다면 일단 도
박부터 그만두는 것이 옳다. 과거에 대한 성찰은 자기 내면을 정직
하게 살펴보는 것에서부터 시작해야 한다.

인간은 잠재력이 무한하다. 그런데 자신감이 없으면 그 힘을
사용할 수 없다. 누구나 자신이 평생 부유하게 살 만한 가치를 가진
귀중한 보물을 내면에 지니고 있는데, 그 사실을 믿지 않고 보지 않
으면 그 보물을 시장에 팔지 못하고 가난하게 살아야 한다.

개인이나 국가는 현실을 명확히 파악하고 철저하게 준비한 후
에 사업이나 전쟁을 시작해야 목적을 이룰 수 있다. 역사를 돌아보
면 국가 간 전쟁에서 패한 국가는 이미 그 나라 안에 패할 만한 문제

를 가지고 있었다. 즉, 패한 다음에 전쟁을 하기에 패할 수밖에 없다. 『손자병법』에도 "잘 싸우는 자는 이미 이기고 나서 싸운다."고 하였다. 임진왜란 때 이순신 장군이 적은 수의 병력으로 왜군과 싸워 전승을 거둔 것은 치밀한 전략으로 이미 이긴 다음에 전투에 임했기 때문이다. 사업도 마찬가지다. 명확한 상황 파악으로 치밀하게 계획을 세워 이긴 다음에 사업을 하는 것이다.

이 세상의 모든 것은 서로 연결되어 있고 역동적으로 변화하고 있다. 끝은 또 다른 시작일 수 있다. '이제 끝났다.'고 생각하기보다는 '내 생애에 죽기 전까지 게임이 끝난 것이 아니다.'라는 마음으로 다시 시작한다. 나이가 들어 은퇴를 하더라도 인생이 끝난 것이 아니라 새로운 인생을 시작하는 것이다. 누구나 자신감을 가지고 다시 시작하면 언제든지 새로운 기회를 만들 수 있다.

사업을 시작하기 전에 자기 내면에서 이미 이긴 싸움을 하는지, 지는 싸움을 하는지를 잘 살펴보고 시작해야 한다. 이긴 싸움이 아니면 시작하지 않는 것이 현명하다. 자기 욕심과 집착을 버리고 상황을 잘 파악하여 이길 수 있는 일에 집중하면 성공할 가능성이 높다. 상황이 달라질 때는 상황에 따라 유연성을 가지고 대처해야 한다.

마음이 우울하거나 불안할 때는 판단을 잘못할 수가 있다. 잠시 산책을 하거나 휴식을 취하여 마음이 안정된 후에 결정한다.

욕심이 과한 것은 불행을 자초한다. 적당할 때 만족하고 멈출 수 있어야 한다. 10억을 번 사람은 다시 20억을 벌고자 한다. 어떤 사업이나 일에 성공하면 사람들은 더 많은 욕심을 내고 자기를 내세우려고 한다. 욕심을 주시하면서 철저하게 현실 상황에 맞추어야 한다. 자기를 주시하지 않으면 욕심이 지나쳐 자신과 다른 사람에게 피해를 준다. '과유불급(過猶不及)'이라는 말이 있다. 아무리 좋은 일이라도 욕심이 지나치면 부족한 것만 못하다.

어떤 일을 성취한 다음에도 자기를 주시하여 자만심에 사로잡히거나 집착하지 않아야 한다. 자기의 욕심이나 기대대로 행동하는 것이 아니라 현실과 상황을 면밀하게 파악한 후에 상황에 유연하게 대처해야 한다. 어떤 일이라도 성공한 다음에는 자신을 도와준 많은 사람에게 감사를 표현하면 행복감이 높아진다.

몸과 마음 관리하기

자신이 원하는 것을 성취하기 위해서는 건강 관리가 우선이다. 자신이 바라던 목적을 이루었으나 무리하게 일하다가 병에 걸리거나 사망하는 경우도 있다. 건강하게 천수를 다하는 것이 가족을 사랑하는 길이다. 신체와 정신이 건강해야 자신이 바라는 것을 잘 이룰 수 있고, 성공한 것을 더 발전시킬 수 있다. 평소 자기 몸과 마음의 상태를 잘 주시하고 건강을 관리해야 한다.

시간 관리하기

성공을 원한다면 '지금 나는 성공하고 있다.' '성공의 길로 가고 있다.'고 믿으면서 시간 관리를 잘해야 한다. 매일 오늘 할 일의 우선순위를 정해 놓고 일을 하라. 긴급한 일, 중요한 일이 무엇인지를 알아보고 그것을 먼저 실천하라.

마치 지금 성공한 것처럼 시간을 잘 활용할 수 있어야 한다. 자투리 시간을 잘 활용하는 습관도 성공에 기여한다. 국가고시나 자격시험에 합격한 제자에게 합격한 비결을 물으면 "스마트폰을 자제하면서 주어진 자투리 시간을 잘 활용하면서 공부하였다."고 답하였다.

돈 관리하기

사업에 성공한 사람들은 성공에 대한 목표가 명확하고 돈을 잘 관리한다. 한 푼이라도 함부로 사용하지 않고 필요한 곳에는 과감하게 투자하면서 돈의 가치를 최대로 활용한다. 또 시장 경제의 움직임이나 상황을 명확하게 파악하고, 창의적인 연구를 하면서 미래를 예측한다.

사람은 자기를 존중하는 사람에게 가까이 가듯이 돈도 자기를 귀중하게 생각하는 사람들에게 모인다. 하지만 돈에 집착하면 불행해진다. 돈을 벌되 돈이나 성공에 집착하지 않고 돈을 행복의 수단으로만 생각한다. 부채가 있을 때는 부채에 집중하기보다는 자신의 성공에 집중하는 것이 효과가 있다.

돈을 벌기 위해서는 자기가 가진 장점이나 강점을 시장 환경에 맞추어 잘 활용해야 한다. 동시에 자기가 하는 일이 자기뿐만 아니라 사회 구성원의 행복과 사회 발전에 도움이 되는 일을 해야 한다.

자신의 재능을 발휘해서 세상에 도움을 줄 수 있으면 그것에 대한 보상으로 부(富)가 따라올 것이다.

우리 사회에서 경제 수준은 행복과 관련된다. 물론 경제 수준에 비례해서 행복감이 높아지지는 않는다. 사람에 따라 다르지만, 일상에서 의식주 비용, 의료비, 교육비 등이 부족하면 삶의 질이 저하된다. 가족의 생계 유지가 어렵고 치료비가 없다면 고통이 따른다.

개인의 노력도 중요하지만, 장애로 경제력을 지니지 못한 사람도 있다. 이들에게는 정부와 사회의 도움이 절실하다. 국가 정책으로 국민의 의식주 해결과 의료비, 교육비 등이 잘 지원되어야 행복한 사회가 된다.

자본주의 사회에서 돈은 자존감에 영향을 미친다. 하지만 돈을 잘 벌고 잘 쓰는 것은 그 개인의 인격과 관련된다. 재물이 주인이 아니라 재물을 관리하는 사람이 주인이다. 행복한 사람은 돈이 많고 적음을 떠나 현실에 만족하며 살아간다. 『중용』에서는 다음과 같이 말하고 있다(남회근, 2019).

군자는 자신의 본분 위치에서 소박하고 착실하게 처신하면 되지, 외부의 영향과 유혹을 받아 본래의 염원을 변경하기를 절대로 원하지 않는다. 부귀한 환경에서 태어났다면 부귀한 조건대로 하지, 지나치게 평범함으로 가장할 필요는 없다. 본래 빈천하였다면 성실하게 빈천한 인생을 살아가지, 일종의 열등감을 가져서 고귀한 체할 필요도 없다.

성철 스님은 '행복은 인격에 있지 물질에 있지 않다.'고 했다. 부유하더라도 인격이 없으면 불행하고, 가난하더라도 인격이 있으면 행복하다(퇴옹 성철, 2018). 지금 가진 것이 많지는 않지만 가진 것에 만족하면서 남과 함께 나누고 누리는 사람은 행복하다. 가진 것이 많지만 만족하지 못하고 돈의 노예로 살아가는 사람은 불행하다. 비록 돈이 없어도 돈 이외에 자신이 다른 사람에게 해 줄 수 있는 것이 많다는 것을 알고 남을 도울 수 있는 사람이 행복한 사람이다.

성공은 했으나 불행한 사람이 많다. 재벌 2세나 부유한 연예인들이 자살하는 것은 돈은 많으나 불행했기 때문이다. 성공하더라도 불행하면 잘 산 인생이 아니다. 돈의 노예가 아닌 돈의 주인이 되어야 한다. 행복한 성공이 되기 위해서는 열심히 일하되, 돈이나 권력 혹은 대중에게 인기를 얻는 것에 집착하지 말아야 한다. 돈 이외에도 이 세상에 귀중한 것들을 많이 가지고 있는 사람이 행복한 사람이다.

부자와 빈자도 삶의 태도와 관련된다. 돈을 대하는 태도에 따라 부자가 되기도 하고 가난한 사람이 되기도 한다. 돈이 없지만 마음이 부자인 사람도 있다. 돈은 많지만 돈에 대한 결핍감을 조절하지 못하는 부자도 있다. 부를 이룬 다음에는 그 부를 잘 관리하고 다른 사람과 나눌 수 있어야 진정한 부자이다. 그런 면에서 조선 시대의 경주 최씨 부자 이야기는 지혜로운 부자의 모범이 된다. 열심히 일하지만 부를 지나치게 축적하지도 않고 주변에 가난한 사람을 배려하는 멋진 삶을 선택했다. 마이크로소프트의 창업자 빌 게이츠(Bill Gates), 투자회사 버크셔 해서웨이의 워런 버핏(Warren Buffet), 페이스북의 창업자 마크 저커버그(Mark Elliot Zuckerberg) 등의 재벌은 세계적인 갑부이지만 자신이 가진 돈의 대부분을 사회에 기부하고 있다. 아무리 돈이 많아도 돈에 집착하여 거기에서 헤어나지 못하는 사람, 끊임없이 돈을 모으지만 정작 마음의 평화는 가지지 못하는 사람은 가난하지만 마음이 평화로운 사람보다 불행하다.

꽃동네 창설자인 오웅진 신부는 "거지는 항상 남에게 무엇을 바라고 있으나 남에게 나누는 것을 배우지 못하였다."고 하였다. 비록 노숙자 신분이라도 자기보다 더 힘든 사람을 위해 적은 돈이지만 기부하는 사람은 마음이 풍요롭다. 아무리 돈이 많아도 돈에 집착하면서 가진 것을 나누지 못하는 사람은 마음에 평화가 없다.

돈은 없어도 가족이 서로 사랑하면 행복한 가정이다. 돈이 많건, 적건 매이지 않고 자기를 존중하면서 가족과 이웃을 사랑하고 배려하는 사람이 행복한 사람이다.

일과 여가 생활의 균형 잡기

일과 여가의 균형을 잘 이루면서 살아갈 때 삶의 질이 높아진다. 일을 할 때는 열정적으로 하되 여가 생활을 즐겨야 한다. 일중독에 빠질 정도로 일을 하면 장기적으로 자신과 가정에 피해를 준다. 욕심을 줄이고 자신이 해야 할 일, 할 수 있는 일을 편안한 마음으로 해야 장기적으로 자신에게 이득이 많다. 일 중독자 중 많은 이가 불안하고 행복하지 못하기에 일이 끝난 후에는 술을 마시거나 도박을 하거나 성적 대상을 찾는 등 자극적인 활동을 함으로써 자기의 불행을 잊고자 한다.

2. 자기실현하기

삶의 목표를 가지고 자기를 실현하는 사람은 행복하다. 자기실현이란 외부의 무엇을 성취하는 것이라기보다는 자신에게 정직한 것이며, 내가 나 자신이 되는 것이다. 진정한 자기실현은 '참나'와 일치할 때 얻어진다. 자기실현은 불에 타는 한 자루의 촛불과 같이 빛을 내면서 세상을 밝히는 것이다. 그 빛으로 가족이나 주변 사람, 사회가 조금 더 밝아지고 행복해진다.

자기실현은 내면의 무의식을 탐구하는 여행과 관련된다. 융(Carl Gustav Jung)은 자기 내면에 있지만 잘 보지 못하는 무의식을 의식화하는 것을 자기실현으로 보았다. 자기실현은 개성화(individuation)로 진정한 나 자신이 되는 것이다. 융에게 있어서 자기(self)는 언제나 나(ego)를 넘어서는 것으로서 반드시 완전해지는 것이 아닌 비교적 온전해짐으로써 지극히 평범한 사람이 되는 것이다(김유숙 외, 2008).

사람은 자기의 초기 기억이나 반복해서 꾸는 꿈 등을 통해서 무의식 속의 나를 만날 수 있다. 자기가 가장 어린 시절에 어떤 기억이 있었고, 어린 시절의 경험이 자신의 발달과정에 어떤 영향을 미쳤는지 알아보는 것으로 자기를 이해할 수 있다. 어린 시절의 기억에서 반복되는 주제들을 살펴보고 통합하고 그것이 지금 자기 삶에 어떤 영향을 미쳤는지를 생각해 보라(김유숙 외, 2008). 자신의 속마음이 진정으로 원하는 것을 알고 이를 행하는 것이 자기실현이다.

일은 생계를 위해서뿐만 아니라 자기실현의 수단이기도 하다. 돈을 벌기 위해서 일을 하면 돈이라는 보상이 주어진다. 그러나 소명의식을 가지고 일하면 보람과 행복감도 갖게 된다.

매슬로(Abraham Harold Maslow)는 자기실현의 5단계를 제시하였다. 각 단계는 피라미드식으로 되어 있다. 1단계는 생리적 욕구, 2단계는 안전과 안정에 대한 욕구, 3단계는 사랑과 소속의 욕구, 4단계는 인정과 명예에 대한 욕구, 5단계는 자기실현의 욕구이다.

많은 사람이 생리적 및 안전의 욕구, 인정의 욕구를 떠나서 자기를 실현하려는 욕구를 지닌다. 자기를 실현한 사람은 자기의 에너지를 사용하면서 자기와 세상을 한층 더 행복하게 한다. 또 죽음의 순간에 세상에 빚을 덜 지고 가며 조금이라도 도움을 주었다는 마음으로 편안할 수 있다.

자기실현을 위해서는 다른 사람과 비교하거나 세상의 가치관에 따르기보다는, 자기 내면에서 울리는 소리를 듣고서 자기가 가장 잘하는 것을 수단으로 삼아서 일해야 한다. 어떤 의사는 가난한 사람을 돕기 위하여 의료봉사를 하며 한평생을 살기도 한다. 또 어떤 사람은 은퇴 후에 가난한 노인들과 함께하면서 자기를 실현한다. 누구나 자기실현을 이루기까지 많은 난관이 있다. 그러나 선한 목표를 정하고 인내하면서 노력하다 보면 언젠가는 목적을 이룰 수 있다. 자기를 실현하기 위해서는 순간순간의 어려움과 좌절을 잘 이겨 내야 한다. 어려울 때일수록 스스로 격려하면서 용기를 가져야 한다. 『중용』에서는 다음과 같이 철저히 노력하고 실천하는 것을 중시한다(남회근, 2019).

> 다른 사람이 한 번의 노력으로 할 줄 안다면 나는 백 번의 노력으로 완성하겠다고 준비하고, 다른 사람이 열 번의 노력으로 할 줄 안다면 나는 천 번의 노력으로 완성하겠다고 준비하라.

자기를 실현하는 가장 큰 즐거움은 자신을 자각하며 성실하게 노력하는 과정에 있다. 매 순간에 집착하지 않고 묵묵히 일하는 과정이 행복이다.

❖ 어떤 일이든 그 일에 의미와 가치관을 가지고 일하면 과정 자체가 행복하다.

3. 성공과 자기실현의 기술

◉ **목표 정하기** 성공을 위해서는 자기 삶의 의미와 가치관에 맞는 목표를 정해야 한다.

◉ **자기 욕심이 아닌 현실의 상황에 맞추기** 어떤 일을 성공하기 위해서는 자기의 기대나 욕심이 아닌 현실의 상황에 잘 맞추어 유연하게 적응해야 한다. 그러기 위해서는 자기 욕심을 조절할 수 있어야 한다. 지금 하는 일이 자신과 가족의 행복에 도움이 되지 않

는 것이라면 그만둘 수 있어야 한다.

◉ **지금 하는 일 잘하기** 어떤 일이 적성에 맞지 않는다고 포기하기보다는 인내하면서 계속하다 보면 그 일에 대한 관점이 달라질 수 있다. 어떤 일이든 지금 맡은 일에 성실하면 그 일을 잘할 수 있고 좋아할 수 있다. 자신이 지금 하는 일이 정말 좋고 잘하고 있다고 생각되면 그 일에 자연스레 몰두하게 되고 효과도 있다.

◉ **과거에 성공했던 경험 생각하기** 과거에 자신이 성공했던 경험을 다시 생각해 보고 그 일을 해 보라. 학창 시절부터 좋은 성과를 냈던 일이나 남에게 칭찬받은 일을 생각하면서 그 분야에 정진하는 것도 성과를 올리는 데 도움이 된다.

◉ **몸과 마음의 건강 유지하기** 일을 성취하기 위해서는 건강이 기본이다. 건강을 잘 챙기면서 스트레스를 잘 관찰해야 한다.

◉ **시간, 돈, 인맥 관리하기** 자신에게 주어진 시간, 돈, 인맥을 잘 관리해야 성공할 수 있다. 우선순위를 정하면 시간을 잘 관리할 수 있다.

◉ **버티기** 어떤 일이 힘들더라도 책임감을 갖고 포기하지 않고 노력해야 한다.

◉ **관심 분야 파악하기** 자신이 잘하는 것이나 관심 분야를 알아보고, 그와 관련된 시장 상황을 분석해 보아야 한다.

◉ **타인에게 자기 목표 알리기** 다른 사람에게 자기 목표를 알리면 책임감이 생기고 쉽게 포기하지 않게 된다.

◉ **공부하기** 자기 목표를 정하고 그 목표를 이루기 위해서 필요한 지식을 배우고 연습한다.

토의 주제

○ 내가 성공하기 위해서 필요한 것들은 무엇인가?

○ 나를 실현하기 위해서는 어떻게 살아야 하는가?

07
대인관계 잘하기

<3분 호흡명상>

지금부터 약 3분간 호흡명상을 하겠습니다.

먼저 허리를 똑바로 세우십시오.

고개는 들고, 어깨와 몸의 힘을 빼십시오.

부드럽게 눈을 감고 몇 차례 깊고 길게 호흡합니다.

이번에는 평소와 같이 호흡하면서

코끝에서 숨이 들어오고 나가는 것을 알아차립니다.

숨이 들어오면 들어오는 것을 알아차리고,

나가면 나가는 것을 알아차립니다.

중간에 어떤 생각이 떠오르면 그 생각을 알아차리며 다시 호흡에 집중합니다.

1. 편안한 대인관계

사람들과 관계가 좋아야 행복하다. 타인의 입장을 생각하면서 상대에게 도움이 되는 대화를 하면 관계가 좋아진다. 진정으로 자기를 귀중하게 생각하는 사람은 다른 사람도 존중하고 겸손하다. 겸손한 사람은 상대를 배려하면서 자기를 낮추기에 상대로부터 많은 것을 얻을 수 있고 성장한다.

행복은 가족이나 타인으로부터의 인정과 원만한 소통에 많이 달려 있다(김명소 외, 2003). 대인관계가 좋아야 학업이나 직업의 성취감도 높고 행복하다(배성만, 2015). 내가 바라는 대로 상대가 해 주기를 기대하고 상대를 통제하려고 하면 서로의 관계가 불편해진다(김완석, 2019). 자기를 주시하고 있는 그대로의 상대를 존중하고 배려하면서 대화하면 대인관계가 편안하다.

1) 총체적 자기주시

손자(孫子)는 전쟁에서 이기기 위해서는 나를 알고 적을 알고 상황을 잘 알아야 한다고 했다. 사람을 만날 때에도 자신이 어떤 사람인지, 상대가 어떤 사람이며, 상대가 나를 어떻게 보는지, 지금 이 상황은 어떤 상황인지를 잘 파악할 수 있어야 한다.

나를 알기

먼저 나는 누구인가? 나는 어떤 사람인가? 내 장점은 무엇인가? 내가 보완해야 하고 주의해야 할 점은 무엇인가를 알고 있어야 한다. 대인관계에서 자기의 장점은 잘 활용하고 단점은 줄여 나가야 한다. 예를 들어, 자신은 상대를 잘 배려하는 장점이 있다면 사람과의 만남에서 상대를 잘 배려하는 기술을 활용해야 한다. 또 자신이 다른 사람과 대화할 때, 자기주장을 잘하지 못한다면 그것을 알아차리면서 대화하면 좀 더 편안해질 것이다. 그리고 상대에게 인정받으려는 욕구가 있다면 자기를 주시하면서 '다른 사람에게 인정받으려 하는구나!'를 알아차리면서 대화를 해야 한다.

자기 마음을 잘 보지 못하면 자기의 문제를 타인의 문제로 오해할 수 있다. 그러므로 지금 일어나는 자기 마음을 명확하게 주시해야 한다. 다른 사람에게 화가 나면 '내가 그 사람에게 인정받기를 원했는데, 인정을 안 해 주니 화가 난다.'는 것을 알아차려야 한다. 다른 사람에게 의지하려 하거나 관심을 끌려고 하거나 사랑이나 인정, 대우받으려는 자기 마음을 알아차리고 줄여 나가야 한다(이동식, 1997).

자기 마음이 따스하고 자존감이 높아야 여유 있는 대인관계가 된다. 대인관계가 좋은 사람은 긍정적이고 자존감이 높으며 자기를 사랑한다(김경희, 이희경, 2015).

행복한 사람은 다른 사람을 돕고 사회에 대한 관심이 많다. 행복한 청소년은 행복하지 않은 청소년에 비하여 대학생이 되었을 때

친사회적인 행동을 더 많이 하였고, 돈보다는 관계적 가치를 더 중시하고 타인 및 사회에서 높은 신뢰와 공동체 의식을 보였다(신지은, 최혜원, 서은국, 구재선, 2013).

자기를 믿고 존중해야 마음이 편해지고 다른 사람을 잘 배려할 수 있다. 자존감이 낮을 때에는 그런 자기 마음을 주시하고 마음을 편안하게 해야 한다. 자존감이 높은 사람은 상대를 있는 그대로 보기에 대인관계가 자연스럽다. 하지만 자존감이 낮은 사람은 다른 사람을 의식하고 인정받으려 하기에 오히려 마음이 불편하고 관계가 어색해진다.

대인관계에서 조심해야 할 것 중 하나가 교만이다. 교만한 사람은 꽉 찬 그릇과 같아서 다른 사람의 말이 들어오지 않는다. 교만한 사람은 다른 사람의 입장을 배려하지 못하면서 나쁜 인상을 남긴다. 진정으로 자기를 존중하는 사람은 겸손한 자세로 남을 대한다. 겸손은 다른 사람에게 잘 보이려는 태도가 아니라 자기와 타인을 있는 그대로 받아들이고 상대도 자기와 같이 귀중함을 자각할 때 일어나는 자연스러운 태도이다.

상대를 알기

나와 만나는 상대를 잘 알아야 대화가 원만하다. 지금 상대의 의도가 무엇인지, 상대의 기분이 어떤지 등을 알아보고 지금 상대에 맞추어 대화를 해야 한다.

모든 사람은 나름의 생각이나 판단 기준이 있다. 지금 상대의 생각이 어떤지, 나와 어떤 차이가 있는지를 잘 알면서 자신을 상대에 맞추어 간다. 나를 바꾸지 않고 상대를 내 뜻대로 바꾸려 할 때는 상대가 변하지 않을 뿐더러 관계마저 나빠진다.

모든 사람은 각자 자기 눈으로 세상을 본다. 만약 상대가 지금 나에게 상처를 주었다면 지금 그 사람의 마음이 편하지 않은 상태일 수 있다. 자신이 상대의 말로 상처를 입었다면 이것이 그 사람 개인의 문제인지, 자신의 잘못 때문인지를 확인해야 한다. 만약 자신의 잘못이라면 빨리 사과하면서 앞으로 고쳐 나간다. 그러나 상대의 문제로 상대가 자신에게 그렇게 대하였다면 더 이상 그 일로 상처받을 이유는 없다.

상황과 맥락 파악하기

지금 주어진 상황과 맥락을 잘 파악하고 상대와 상황에 맞는 대화를 해야 한다. 지금 내가 말을 해야 할 상황인지, 말을 하지 않아야 할 상황인지를 알아본다. 또 말을 하면 어떤 주제로 말할 것인지 등을 알아본다.

2) 관계 잘하기

공감하기

공감은 대인관계에서 중요한 요소이다. 공감(empathy)은 만족스러운 대인관계를 발달시키고 적절한 사회적 상호작용과 유대감

을 촉진한다. 공감은 자신을 타인의 관점에서 보고 상대를 이해할
수 있는 인지적 요소와 다른 사람의 감정을 느끼는 정서적 요소로
구성되어 있다(김경희, 이희경, 2015). 다른 사람의 감정을 명확하게 이
해하고 그 감정을 잘 느껴 봐야 한다.

다른 사람을 배려하고 사랑한다는 것은 먼저 그 사람 입장을 잘
이해하고 공감하는 것이다. 자기 입장에서 상대방에게 필요하다고
생각해서 해 주는 것이 아니라 상대방이 진정으로 기뻐하는 일을 상
대방 입장에서 생각하고 해 주는 것이 훨씬 가치 있다(김인자, 1997).

살면서 묻은 마음의 때를 지속적으로 살피고 닦아 나가면 마음
이 맑은 거울과 같아져 공감을 잘할 수 있다. 공감을 잘해야 상대를
잘 배려하고 제대로 도움을 줄 수 있다. 공감에 대해서는 의사소통의
기술 부분에서 좀 더 다루게 될 것이다.

사랑과 미움 알아차리기

살아 있는 한 사람에 대한 사랑과 미움의 감정이 일어난다. 다
른 사람을 미워하는 마음이 없으면 그 사람은 성인이면서 대인관계
를 잘하는 사람이다(이동식, 2008). 미워하는 마음이 있을 때 '내가 저
사람을 미워하는구나!' 하고 알아차리면 보다 마음이 편안해진다.

사람을 만날 때 화가 나는 것은 다른 사람의 말이나 행동이 자
기 마음에 들지 않았거나, 그 사람에게 기대한 것이 좌절되었기 때
문이다. 만약 다른 사람을 만나면서 기분이 좋지 않다면 지금 자기
가 그 사람에게 기대한 것이 무엇이었는지를 생각해 보면 마음이

평온해질 수 있다.

좋아하거나 사랑하는 감정이 있을 때도 자신의 그런 마음을 잘 주시해야 한다. 자기를 주시하면 좋아하는 감정에 덜 집착하고 마음이 안정되고 관계가 편해진다. 다른 사람을 도와주려는 마음에도 집착해서는 안 된다. 착한 일이나 나쁜 일이나 집착이 문제이다. 남을 도와주려고 할 때에도 자기의 마음을 주시하고, 기대와 욕심을 품지 않아야 제대로 도울 수 있다. 각자가 '나'라는 아상(我相)을 벗어 버리면 자연스럽게 관계할 수 있다.

모든 사람에게 참나의 품성이 있음을 믿으면 다른 사람의 실수나 잘못에 대해서도 좀 더 너그러워진다. 의식적으로 '저 사람도 나와 똑같이 가족에게 귀중한 사람이다.' 하고 되뇌면 연민의 감정이 일어난다.

네가 바라는 대로 남에게 해 주라

공자가 말하였듯이 '네가 바라는 대로 남에게 해 주고, 내가 받고 싶지 않은 것을 남에게 하지 않아야' 한다. 자신이 다른 사람에게 무시당하지 않기 위해서는 자신부터 다른 사람을 무시하지 않아야 하고 자기를 존중해야 한다.

싫으면 "싫다"고 말하거나 그런 표정을 보여야 한다. 표현하지 않으면 상대가 자기 마음을 모를 수 있다. 상대에게 고마움을 느낄 때도 마찬가지로 "고맙다"고 말하거나 얼굴 표정, 태도 등으로 표현하는 것이 서로의 관계를 좋게 한다.

나에게 되돌아오기를 기다리지 않은 순수한 마음으로 타인을 배려하면 마음이 더 편해진다. 타인에게 건네는 따스한 온기가 자신부터 따스하게 한다.

신뢰감

대인관계에서 중요한 것은 신뢰성이다. 누구나 '저 사람의 말과 행동은 일치한다.'고 믿으면 그 사람을 믿게 된다. 자기가 말한 약속을 지키지 않으면 신뢰가 깨어진다.

자신이 지킬 수 없는 약속은 하지 않아야 하며, 약속한 것은 지켜야 한다. 만약 어떤 일로 약속을 지키기 어려울 경우는 미리 연락해서 양해를 구해야 한다.

❖ 상대방이 진정으로 기뻐하는 일을 상대의 입장에서 생각하고 행동하는 것이 사랑이다.

3) 생활에서 역할과 대화

부부

부부간 갈등은 대부분 두 사람 간의 차이를 인정하지 않는 것에서 비롯된다. 부부가 자기는 변화하지 않고 상대가 자기 뜻대로 따라 주기를 바라기에 갈등이 일어난다. 그러므로 부부 각자가 자기가 할 수 있는 일을 하면서 상대를 이해하고 배려하면 가정이 행복하고 자녀의 자존감도 올라간다.

부모

부모가 자녀와 대화할 때 자기를 주시하면서 대화하면 대화가 편해진다. 부모 자신이 자기의 감정을 주시하지 않은 채 자녀와 대화하면 자녀가 상처받을 수 있다.

자녀는 부모에게 사랑받았다는 확신이 있으면 자존감이 올라가고 대인관계에서도 자신감이 생긴다. 부모는 자녀를 사랑하지만 부모의 사정으로 자녀에 대한 애정 표현을 소홀히 할 수 있다. 이때 부모로부터 사랑받고자 하는 자녀의 마음은 좌절되어 수치심을 가지며 자존감이 낮아질 수 있다. 부모 자신이 사회생활로 바쁘더라도 적당한 때를 보아 "엄마는 너를 사랑한다.", "아빠에게는 네가 이 세상에서 가장 중요한 존재이다.", "사랑한다."라고 말해 준다. 이러한 말 한마디가 자녀가 세상의 어려움을 잘 이겨 낼 수 있는 힘이 된다.

부모에게서 적절한 배려와 사랑을 받고 자란 아이는 성인이 되어 결혼하면 배우자나 자녀와의 관계가 좋은 편이다. 하지만 부모로부터 필요한 사랑을 받지 못하고 자라면 성인이 되어 서로 자존감이 낮고 우울하며 대인관계 기술이 부족하고, 결혼해서 배우자나 자녀와의 관계가 원만하지 못할 수 있다. 부모가 좀 더 건강하면 자녀에게 보다 좋은 부모 역할을 할 수 있다.

📖 C씨는 배우자의 권유로 상담을 받게 되었다. C씨는 젊은 시절부터·방황을 많이 하면서 스트레스를 받거나 열등감을 느낄 때마다 알코올로 도피해 왔다. 다른 사람에게 인정받고자 많이 노력하였으며, 가족에게도 자기의 감정을 잘 표현하지 못하였다. 집에 와서는 부인의 말이나 행동에 대해서 예민하게 반응하고 부인이 자기를 무시한다고 생각하면서 자주 다투었다. 참다 못한 부인은 이혼을 생각하였으나 이혼하기 전에 먼저 C씨에게 상담을 권유하였다.

C씨는 상담자에게 충분히 공감받으면서 자신을 표현하게 되었다. 어린 시절 어머니에게 느꼈던 섭섭함이나 수치심, 분노감 등을 상담자에게 표현하면서 차츰 자신이 어머니에게 사랑받았다는 것을 알게 되었다. 당시 가난했던 부모님이 자신을 대학까지 보내기 위해 맞벌이를 하면서 고생한 일이며, 어머니가 직장 일

로 피곤한 와중에도 시간을 내어 짜장면을 사 주시면서 자기를
품에 안아 주었던 일이 떠오르면서 어머니의 사랑을 많이 받았
다는 것을 알고 눈물을 흘렸다. C씨는 과거를 회상하면서 어머
니의 따스한 사랑을 다시금 느낄 수 있었고 몸이 따스해짐을 느
꼈다.

C씨는 집에 와서는 부인의 입장을 더 잘 이해하고 배려하게 되
었으며 두 사람의 관계가 훨씬 편해졌다.

C씨의 사례처럼 자신이 부모에게 사랑받았다는 체험은 자기를
사랑하고 가족을 사랑할 수 있는 힘이 된다. 부모가 자녀에게 실수
하거나 잘못했을 때는 "미안하다"고 말하고, 자녀에게 고마움을 느
낄 때는 "고맙다"고 말하는 것이 자녀에게 존중과 사랑을 전달하는
것이다.

친구

"친구를 보면 그 사람을 알 수 있다."는 말이 있다. 어떤 사람이
누구와 편하게 지내는지를 보면 그 사람의 성향을 알 수 있다. 친구
는 가치관도 비슷하지만 하는 행동이나 습관도 따라가기 때문이다.

"향을 싼 종이를 만지면 손에서 향이 나고, 물고기를 묶은 줄을
만지면 손에서 비린내가 난다."고 하였듯이 사람은 누구를 만나느

나가 중요하다. 행복한 사람, 건강한 사람을 만나면 행복하고 건강해진다. "부자가 되기 위해서는 부자에게 점심을 사라."는 말이 있듯이 자기가 배울 수 있는 사람을 친구로 만나는 것이 좋다. 특히 청소년은 또래관계에서 많은 영향을 받기에 좋은 친구를 사귀어야 한다. 좋은 친구는 자기를 성장하게 한다. 그렇다면 친구는 어떤 사람을 만나야 하는가? 첫째, 성실하고 진실한 사람을 만나야 한다. 둘째, 정신이 건강하고 성숙한 사람을 만나야 한다. 정신이 건강하지 않으면 상대에게 지나치게 집착하여 관계가 불편해진다.

직장

지금 자기가 다니는 직장에 만족할 수 있으면 행복하다. 한 직장에서 성실하게 자기 일을 잘하는 사람은 다른 직장에 가서도 맡은 바 일을 잘하게 된다. 어디에서든 자신이 해야 할 일은 솔선해서 즐거운 마음으로 앞장서서 일하는 것이 행복한 사람의 특성이다(미산 외, 2010).

공동체가 행복한 분위기가 되어야 그곳을 찾아오는 손님도 행복하다. 현재 충북도박문제관리센터 운영위원장을 맡고 있는 나는 센터에 갈 때면 직원들에게 "지금 행복합니까?"라는 질문을 자주 한다. 직원들이 행복해야 직장 분위기가 좋아지고 찾아오는 고객이 좀 더 행복할 수 있다. 만약 장사를 한다면 자신의 이익만 생각하지 않고 가게를 찾는 손님이 좀 더 편안하고 행복할 수 있도록 배려해야 한다.

직장에서 근무하면서 '내가 받는 월급 정도만 일하면 되겠지.', '대우해 주는 만큼만 일하겠다.'는 생각은 개인의 삶의 질을 떨어뜨리고 자기 발전의 장애가 된다. 말단 직원이라도 자신이 사장인 것처럼 열심히 일하면 어느 사이엔가 사장이 되어 있음을 알게 된다. 사장 의식을 가지고 열심히 일하면 일하는 자체가 행복하다. 직장에서 일을 할 때는 '지금보다 더 나은 방법이 없을까? 다르게 하면 어떨까?'를 생각하고 창의성을 발휘해야 한다. 또 자기의 장점이나 강점을 살펴보고 직장에서 강점을 잘 발휘해야 한다.

우리 사회에서는 인사 잘하는 것이 중요한 대인관계 기술이다. 인사는 먼저 보는 사람이 하면 된다. 하지만 가식적인 인사는 오히려 상대를 불편하게 한다. 예절을 지키지 못하는 사람은 다른 사람에게 부정적 인상을 주어 관계가 나빠지는 경우가 많다.

❖ 자기를 주시하면서 대화하면 대화가 자연스럽다.

2. 대화 잘하기

대화는 물의 흐름과 같이 막히지 않고 자연스럽게 흘러가야 한다. 경청과 공감은 서로의 감정을 잘 흐르게 하여 대인관계를 좋게 한다. 사람을 만나기 전에 1분간이나마 호흡명상을 한 후에 자기를 주시하면서 대화를 시작하라. 혹시 어떤 사람을 만나기 전에 그 사람에 대한 선입관이 있다면 그런 마음도 잘 주시해야 한다.

경청

대화가 잘 진행되기 위해서는 상대의 말뿐만 아니라 눈빛, 표정, 목소리, 태도 등에서 그 사람의 감정을 읽어야 한다. 경청은 상대가 말로 표현하지 않더라도 신체로 표현되는 감정을 정확하게 이해하는 것이다. 경청을 잘하기 위해서는 상대에 집중하고 상대와 눈을 맞추고 상대의 말에 고개를 끄덕이든지 '음.', '그래요.' 등의 반응을 한다. 상대가 말하는 도중에는 '상대의 말이 끝나면 내가 무슨 말을 해야 할지?' 같은 생각을 하지 않고 온전히 상대의 말과 행동에 집중한다.

공감

공감은 대화에 가장 중요한 요소이다. 공감은 상대의 기분을 정확하게 이해하는 것에서 시작한다. 공감을 잘하기 위해서도 경청이 필요하다. 공감은 상대의 감정을 상대 입장에서 이해하고 자기가 이해한 바를 상대가 받아들일 수 있도록 언어적·비언어적 태도로 표현하는 것이다.

사람들이 공감을 잘하지 못하는 이유는 해결되지 않는 자신의 감정으로 상대의 마음을 해석하기 때문이다. 개인의 욕심, 사랑의 부족, 즉 미운 마음 때문에도 공감이 잘 안 될 수 있다.

> 📖 K씨는 친구인 S씨와 만나면서 "직장에서 동료가 자기를 무시하는 것 같아 화가 났다."고 이야기하였다. 이때 S씨는 잘 경청한 다음에 "직장동료 때문에 화가 났네!" 하면서 진심 어린 마음으로 공감을 표현하였다. K씨는 "S씨가 자기의 마음을 이해해 주니 마음이 편안했고 고마웠다."고 말하였다.

진실성

대화할 때 말과 행동, 말과 말이 일치해야 한다. 화려하지 않더라도 말과 행동에서 진실한 태도를 보일 때 상대의 마음이 열리고 서로의 감정이 통할 수 있다.

나-전달법

상대를 공격하지 않고 자기의 감정을 잘 표현하는 방법으로 나-전달법이 있다. 상대의 행동으로 지금 자신이 어떤 감정을 느끼는지 잘 살펴본 다음에 상황에 맞추어 적절하게 자기의 감정을 표현한다. 나-전달법을 사용하면 상대의 기분을 나쁘게 하지 않으면서도 자기의 입장을 전달할 수 있다는 장점이 있다.

　나-전달법은 지금 이 상황에서 자기가 어떤 기분을 느끼는지를 알아차리고, 자기의 감정을 표현하는 것이다. 화가 났을 때도 나-전달법으로 대화하면 말하는 사람의 마음이 후련하고 상대도 그 사람의 감정을 바로 이해할 수 있다. 자신의 불편한 마음을 억압하거나 회피하는 대신에 적절한 상황을 보아 상대에게 "~해서 불편하다."라고 말해야 상대와 좋은 관계가 유지된다. 카페에서 책을 읽고 있는데, 옆에서 너무 시끄럽게 전화로 이야기하고 있어 독서에 집중할 수 없는 상황을 예로 들어보자. 이때 "당신이 너무 시끄럽게 전화를 해서 독서에 집중할 수 없습니다. 내가 짜증이 나고 속상합니다."와 같이 말하면 된다.

　나-전달법을 잘하기 위해서는 세 가지 요소가 필요하다. 첫째, 자기를 괴롭히는 상대의 행동을 비난 없이 서술하는 것, 둘째, 상대의 행동이 자기에게 미치는 구체적인 영향을 말하는 것, 셋째, 그때 자기가 느끼는 감정을 적절하게 표현하는 것이다. 나-전달법으로 자기의 감정을 표현해야 상대가 자기의 감정이 어떤지를 정확하게 알 수 있고 불편한 사정을 이해할 수 있다(김인자, 1997).

올바른 말

　"말 한마디에 천 냥 빚도 갚는다."는 말이 있다. 팔정도에서는 행복한 삶을 살기 위해서는 올바른 말, 즉 정어(正語)가 필요하다고 강조한다. 올바른 말이란 말하기 전에 이 말이 사실인지, 틀린 말인지, 이 말이 상대와 나에게 이익이 되는 말인지, 이 말이 지금 이 상황과 상대에 적당한 말인지, 지금 해야 하는 말인지 등을 생각하고 말하는 것이다. 항상 말하기 전에 이 말이 올바른 말인가를 생각한 다음에 말한다(아신 빤딧짜 스님, 2018). 해야 할 말은 해야 하지만, 하지 않아야 할 말이나 해도 되고 하지 않아도 될 말은 하지 않는 것이 좋다.

긍정적 의사소통

이야기를 짧고 간단하게 긍정적인 내용으로 하는 것이 효과가 있다. 부모가 게임 문제가 있는 자녀에게 "네가 게임을 하지 않고 책을 보고 있을 때 너무 멋있더라."고 말한다(Smith & Meyers, 2009). 또 "네가 집에 와서 책상을 정리해 놓고 공부하면 정말 고맙겠다."고 구체적인 행동을 암시하면서 말한다. "네가 행복하기 위해서는 어떻게 하는 것이 좋을까?", "지금 네가 하는 일이 네가 원하는 성적 향상에 도움이 될까?"라고 말하는 것은 상대가 자기의 행동을 다시 점검하게 하여 변화하려는 동기를 부여한다.

3. 행복한 대인관계의 기술

◉ **총체적 자기주시** 대인관계를 잘하기 위해서는 자기의 감정과 상대의 감정, 상황을 잘 주시해야 한다. 특히 지금 자기에게 어떤 감정이 일어나는지를 잘 살핀다.

◉ **경청하기** 대화할 때 상대를 향해서 눈을 맞추고 필요한 경우에 고개를 끄덕이며 '음', '그래요' 등으로 반응한다. 온 마음으로 경청한다.

◉ **공감하기** 상대의 입장을 생각하면서 대화한다. '나와 입장이 다르지만 그 사람 입장에서는 그럴 수도 있겠구나!' 하고 생각한다. 그 사람의 심정을 잘 이해한 다음에는 이해한 마음을 상대에게 잘 전달한다.

◉ **올바른 말하기** 말하기 전에 자기가 하고자 하는 말이 올바른 말인지를 생각한 다음에 말한다. 이 말이 사실인가, 나와 상대의 이익에 도움이 되는 말인가, 지금 꼭 해야 하는 말인가, 지금 이 상황과 상대방에 적당한 말인가 등을 생각한 다음에 말한다.

◉ **존중하기** 상대방을 존중하면서 대화해야 한다. 상대의 장점이나 잠재력이 발휘될 수 있도록 격려한다.

◉ **인사하기** 우리 사회에서 인사 예절은 관계를 좋게 한다. 인사할 때는 자연스럽고 솔직한 마음으로 한다. 자기의 마음도 주시하면서 인사하면 인사가 자연스럽다.

◉ **시선 맞추기** 대화할 때 상대와 시선을 맞추면 친근감이 더 일어나고 관계가 가까워진다.

◉ **먹으면서 대화하기** 차를 마시거나 음식을 함께 먹으면서 대화하면 분위기가 부드러워져 관계가 좋아진다.

◉ **취미생활 같이 하기** 운동, 예술 활동, 봉사, 여행가기 등 취미생활을 함께하면 더 친해지고 관계가 좋아진다.

토의 주제

○ 사람들이 대인관계를 잘하지 못하는 이유가 무엇인가?

○ 대인관계를 잘하기 위한 기술에는 어떠한 것이 있는가?

08
감사하기

<3분 호흡명상>

지금부터 약 3분간 호흡명상을 하겠습니다.
먼저 허리를 똑바로 세우십시오.
고개는 들고, 어깨와 몸의 힘을 빼십시오.
부드럽게 눈을 감고 몇 차례 깊고 길게 호흡합니다.
이번에는 평소와 같이 호흡하면서
코끝에서 숨이 들어오고 나가는 것을 알아차립니다.
숨이 들어오면 들어오는 것을 알아차리고,
나가면 나가는 것을 알아차립니다.
중간에 어떤 생각이 떠오르면 그 생각을 알아차리며 다시 호흡에 집중합니다.

1. 감사하기

감사하면 행복하고 행복하면 감사하다. 감사는 행복을 증진시키는 수단일 뿐 아니라, 행복한 사람들에게 나타나는 결과이기도 하다(신지은, 최혜원, 서은국, 구재선, 2013). 감사를 잘하는 사람은 그렇지 않은 사람에 비하여 긍정적 정서를 더 많이 느끼고 삶의 만족도도 높다. 또한 더 낙천적이며 우울과 스트레스가 적은 것으로 확인되고 있다(조아라, 정영숙, 2012).

행복과 감사는 비례한다. 감사를 많이 할수록 행복하고 행복한 사람일수록 감사를 많이 한다. 힘들더라도 감사할 것을 찾아보고 감사를 자주 표현하면 행복해진다. 또 사람이 행복할수록 사소한 일에도 감사하게 된다. 어떤 사람은 고통의 시기에서도 감사를 잊지 않는다. 감사하면 고통의 시기가 줄어들고 행복감이 더 오래 유지된다.

> 📖 많은 알코올 중독자의 회복에 도움을 준 P 선생이 병고에 시달린 적이 있다. 이전에는 자신이 중독자와 가족에게 많은 봉사를 했지만 사소한 일에서 감사를 찾을 수 없었다. 그는 "몸이 아파 보니 건강하다는 것, 밥을 먹을 수 있다는 것 등이 감사한 일이라는 것을 알게 되었다."고 말하였다. P 선생은 만나는 사람마다 "사소한 것에도 감사할 수 있기를 바란다."고 권유하고 있다.

건강이 나쁘거나 사업에 실패하거나 가까운 사람과 관계가 좋지 않을 때라도 감사할 것을 찾을 수 있다. "이만한 게 다행이다." 하고 감사할 수 있다. 감사는 불행의 치료약이다. 감사는 우울과 같은 부정적 정서를 줄이고 행복감을 갖게 한다(Seligman, Steen, Park, & Peterson, 2005). 항상 감사할 것들이 있음을 알고, 감사할 것을 찾아보고 감사를 표현하면 행복해진다.

최근 어떤 기관에서 내가 수상 대상자라는 이야기를 들었다. 그때 나는 신의 은총에 감사드리며 '앞으로도 신의 도구로 열심히 일하겠다.'는 다짐을 했다. 그러나 다음 날 담당자로부터 자신의 착오라며 2등이 되어 수상하지 못하게 되었다는 연락을 받았다. 당시는 실망하였으나, 내가 1등이 아니고 2등이 된 것도 신의 은총이 아닌가 하는 생각이 들었다.

우리는 어떤 상황에서도 신의 은총을 받고 있다. 신상현 수사(꽃동네 수도원 원장)는 "몸이 아픈 것도 은총이다. 몸이 아픔으로 해서 건강했을 때 보지 못하는 것을 보고 감사할 일을 찾을 수 있다. 죽음의 순간에도 우리가 은총으로 생각하면서 감사할 수 있다. 또 그렇게 되면 살아 있는 자와 천상에 있는 자가 서로 소통하면서 도움을 준다. 자신이 힘들고 고통스러운 일이 있을 때 그 고통을 돌아가신 부모님에게 드린다고 하면 그 힘으로 하늘에 계신 부모님을 위한 보속이 될 수 있다. 그리고 부모님이 천상에서 나를 위하여 기도하시게 된다. 가톨릭 신자는 죽은 자와 산 자가 기도, 희생, 봉사, 자선 등으로 서로 소통하고 있다는 것을 믿는다."고 하였다. 감사는 죽은 자와 산 자를 연결시켜 주고 신의 마음을 움직인다.

정말 소중한 것들은 내가 이미 가지고 있는 것들이다. 당연한 줄 알았는데, 그것이 없으면 불편한 것이 너무나 많기에 감사할 일도 많은 것이다. 정말 감사드릴 줄 아는 사람은 이미 주어진 것, 지금 내가 가지고 있는 것에 대해 감사할 줄 안다(홍성민, 2019). 새벽 시간에 조용한 이곳에서 편안하게 글을 쓸 수 있다는 그 자체만으로 감사할 일이다. 건강하기 때문에 감사하고, 글을 쓸 수 있는 시간 여유가 있어 감사하다. 글을 쓸 장소와 노트북을 가질 수 있어 감사하다. 내가 지금 누리는 모든 것이 당연하다고 생각하는 대신에 감사하다고 생각하면 행복하다.

또 하나 감사할 일은 지금 내가 이 글을 쓸 수 있기까지 수많은 사람의 도움이 있었다는 점이다. 먼저 나를 낳아 주고 길러 주고 어려운 과정에서도 공부할 수 있도록 지원해 주신 부모님과 가족에게도 고마움을 전한다. 부족한 나를 가르쳐 주고 이끌어 주신 스승님, 동료 교수, 학생 그리고 나에게 영감과 지식을 준 여러 학자, 가깝거나 멀리서 항상 믿고 지원해 주는 수많은 사람, 친구로, 그리고 스승으로서 만난 여러 중독자와 환자에게도 감사를 드린다.

가까운 사람, 특히 가족 간에도 감사해야 할 일이 많다. 이럴 때 "덕분입니다." 하고 이야기할 수 있어야 한다. 부부가 서로 "모두 네 탓이다."라고 말할 때와 "모두 덕분입니다."라고 말할 때의 가정 분위기가 다르다. 가정에서부터 감사할 일을 찾고 감사를 자주 하면 행복하다.

감사하는 시간이 행복한 시간이다. 사소한 일에도 감사할 줄 아는 사람은 행복한 사람이다. 아침에 일어나서는 '오늘 하루 살아 있음'에 감사하고, 잠자리에 들 때는 '오늘 하루도 무사히 집에 와서 잠들 수 있음'에 감사한다. 감사의 마음이 지속되는 만큼 행복하고 마침내 죽음의 순간에서도 감사할 수 있다.

❖ 항상 감사하고 만족하는 것이 행복한 삶이다.

2. 감사 일기와 감사 편지 쓰기

감사 일기와 감사 편지를 자주 쓰면 행복하다. 감사할 일을 찾아보고 감사 일기를 쓰고, 평소 고마운 분에게 감사 편지를 쓰면서 행복을 느낀다.

감사 일기 쓰기

감사할 일을 찾으면 찾을수록 감사할 일이 더 많아지고 더 행복하다. 이전에는 미처 몰랐던 감사할 일이 주변에 많이 있다는 것을 알면서 점차 더 감사하게 된다. 감사 일기를 오래 쓰면 마음이 편안해지고 자신이 행복하다는 것을 다시금 인식하게 된다.

감사 일기는 자세하게 기술하는 것이 좋다. 그때 자기의 감정이 어떠했는지, 자기 몸에서는 어떤 감각을 느꼈는지도 기술하면 좋다. 처음에는 감사할 것을 찾아 쓰는 데 어색할 수 있지만 나중에는 더 쉬워지고 점차 더 많은 내용을 적게 된다.

감사 편지 쓰기

나에게 도움을 준 많은 사람에게 감사를 전하고 감사의 편지를 쓰면 마음이 편안하고 따스해진다. 감사 편지를 쓰면 쓰는 사람과 받는 사람 모두가 기분이 좋아진다. 감사 편지를 쓸 때에도 어떤 점 때문에 자신이 감사하게 되었는지에 대해 구체적으로 쓰는 것이 좋다.

부모님께 감사 편지 쓰기

_____

_____

_____

_____

_____

_____

_____

_____

_____

_____

_____

_____

3. 감사하기의 기술

◉ **자기 주변에서 감사할 것들을 찾아보자** 자신의 생활 주변에서, 평소 무심하게 흘려보냈던 것들을 다시 한번 살펴보면 당연한 것으로 생각했던 것에서 감사할 대상을 찾을 수 있다. 오늘 학교 수업을 듣게 해 주신 부모님, 스승님, 버스 기사님 등 모든 사람에게 감사할 수 있다.

◉ **부모, 형제 등 가족이 나에게 해 준 고마운 것들을 찾아보고 감사를 표현하자** 오늘의 나를 있게 해 주고 지금까지 나를 보살펴 주시고 가르쳐 주신 부모님과 가족에 대해 고마움을 생각하고 감사를 표현한다.

◉ **내 자신에게도 감사할 일을 찾아보고 감사하자** 힘든 일이 많았음에도 잘 견뎌 내면서 지금 이 자리에 나를 있게 해 준 나 자신, 내 몸에게도 감사를 전한다.

◉ **신에게 감사하자** 지금의 나를 존재하게 하고 많은 고통과 어려움을 함께해 주신 신에게 감사드린다.

토의 주제

O 학생들이 서로에게 감사할 일을 찾아보고 감사를 표현한다.

O 감사할 때 행복했던 경험에 대해 서로 나눈다.

09
용서하기

<3분 호흡명상>

지금부터 약 3분간 호흡명상을 하겠습니다.

먼저 허리를 똑바로 세우십시오.

고개는 들고, 어깨와 몸의 힘을 빼십시오.

부드럽게 눈을 감고 몇 차례 깊고 길게 호흡합니다.

이번에는 평소와 같이 호흡하면서

코끝에서 숨이 들어오고 나가는 것을 알아차립니다.

숨이 들어오면 들어오는 것을 알아차리고,

나가면 나가는 것을 알아차립니다.

중간에 어떤 생각이 떠오르면 그 생각을 알아차리며 다시 호흡에 집중합니다.

1. 용서의 이유

용서는 인간으로서 하기 힘든 일이지만 마음의 평화를 위해서는 해야 한다. 용서는 자기 마음 항아리에 있는 분노라는 독약을 보고서 밖으로 내어 버리는 것이다. 분노라는 독이 비워진 다음에 평화로 마음의 그릇을 채워야 한다. 나의 마음을 나를 행복하게 하는 것들로 채워야 한다. 분노라는 독약으로 마음을 채워서는 안 된다. 용서로 분노나 미움 등의 감정을 치유해야 한다. 용서하지 않으면 그 분노의 불꽃이 자기부터 태운다. 분노로 몸에 병이 생기고 대인관계가 나빠지고 삶이 더 무거워진다.

개인이 용서하기 어려운 것은 자신의 내부에 생겨난 분노와 복수심을 참을 수가 없기에, 또 상처받은 후에 생긴 수치심이나 죄책감에 의한 자기비난과 자기혐오 때문이다(이승호, 2018). 자기 안의 분노나 복수심, 수치심 등을 알아차리고 상처받았을 당시의 몸의 상태를 다시 느껴 본다. 용서하기로 마음먹어도 용서가 쉽지 않다. 어렵지만 용서가 되면 마음이 편안해지고, 자기와의 관계가 좋아지며, 타인과의 관계가 잘되어 간다. 용서는 결국 자신을 보살피고 사랑하는 것이고, 다른 사람과 관계를 회복하는 것이다.

용서는 긴 호흡을 한 번 한 후에 할 수 있고, 하루 만에 할 수도 있으며, 평생 하기 힘들 수도 있다. 지금 당장 나와 다른 사람을 용서할 수 있는 것은 은총이다. 때로는 억지로라도 "나는 ○○○를 용서합니다."를 소리 내어, 혹은 속으로 반복할 수 있으면 용서의 마음이 일어날 수 있다.

용서는 그때 그 사람의 입장을 한 번 더 생각해 보고, '그때 그 사람이 그럴 수밖에 없었구나!'하면서 이해할 수 있다. 달라이 라마(Dalai Lama)는 "용서는 단지 우리에게 상처 준 사람을 받아들이는 것을 넘어 그를 향한 미움과 원망의 마음에서 스스로를 놓아 주는 것이다. 그래서 용서는 자기 자신에게 베푸는 가장 큰 자비이자 사랑이다."라고 하였다(Dalai Lama & Chan, 2012). 용서는 다른 사람을 올바로 이해하면서 측은지심을 가지는 것이다. 또 용서는 그 사람의 잘못을 용서하는 것을 넘어 원래 그 사람의 참나를 알고 존중하는 마음으로 하는 것이다(퇴옹 성철, 2018). 그렇게 할 때 모든 사람의 내면에 있는 참나를 자각하면서 다른 사람에게 자비와 사랑의 마음이 일어난다.

남에게 상처를 주는 사람은 사실은 자기 마음이 편안하지 않으며, 자기를 돌보지 못하는 사람일 수 있다. 자기 내면에 자리 잡은 분노의 힘이 어떤 계기를 통해 다른 사람에게 향하게 되고 상처를 줄 수 있다. 우리 사회의 불특정 다수를 대상으로 범죄를 저지르는 사람도 마찬가지이다. 그 사람이 가지고 있는 사회에 대한 분노감이 누군가에게 폭발한 것이다.

자기 마음이 편안한 사람은 다른 사람의 입장을 생각하고 배려하여 자연스레 타인에게 상처를 덜 주게 된다. 직장에서도 갈등이 생길 때, 어느 한쪽 상대가 "그렇구나!" 하면서 받아들인다면 갈등은 해결될 수 있다. 이때 그 사람으로부터 자기가 상처입지 않도록 자기 감정을 잘 주시해야 한다.

개인이 자기주시를 하면 상대로부터 상처를 덜 받게 된다. 자기 마음을 주시하면 마음이 안정되고 그런 감정이 일어나는 원인을 살피게 된다. 즉, '내가 그 사람에게 기대했는데, 실망했다.'는 것을 보게 되는 것이다. 자기 문제와 상대의 문제를 구분하게 되어 상대의 문제로 덜 힘들어하게 된다.

2. 자기 용서하기

자기를 돌아보고 자기 잘못을 용서해야 한다. 사람은 자기가 기대한 대로 행동하지 못할 때 실망하고 분노하기도 한다. 이때 자신이 잘못하였을 때 느꼈던 몸의 상태나 감정 등을 되돌아보면서 '그 당시 나로서는 그럴 수밖에 없었다.'며 자신을 보살펴야 한다.

자기 잘못을 진정으로 참회하고 용서하면 자신을 더 사랑할 수 있고, 가족이나 주변 사람과의 관계도 원만해진다. 완벽하지 않은 인간이기에 실수를 하고 잘못을 저지른다. 그 실수와 잘못을 계속 후회하면서 불행하게 살 수도 있고, 용서하고 남은 시간 동안 보속하면서 살아갈 수도 있다. 그것은 자기가 선택하고 책임지는 것이다. 자기를 사랑한다면 자기를 용서해야 한다.

지난날 실수와 잘못을 반성하고 행동을 바꾸어 가야 성장할 수 있다. 반성하면서도 같은 행동을 되풀이하는 것은 진정으로 자신을 이해하지 못한 것이다. 자기의 잘못을 용서하고 지금-여기에서 자신이 해야 할 일을 하는 것이 진정한 반성이다.

후회는 자기중심이며, 과거에 살게 한다. 어떤 알코올 중독자는 "과거 술에 취해서 가족에게 상처를 준 것이 후회된다. 그 괴로움을 잊기 위해서 다시 술을 마신다."고 말하였다. 그 사람에게 후회는 술을 마시기 위한 합리화이다. 진정으로 그 사람이 반성한다면 자기를 용서하고, 가족에게도 용서를 구하며, 당장 자기가 해야 할 일을 시작해야 한다. 중요한 것은 지금-여기서 행동으로 보여 주는 것이다. 가족뿐만 아니라 이웃을 위하여 봉사하는 것도 잘못에 대한 보속이다.

❖ 용서는 나를 사랑하는 용기이다. 자기를 사랑한다면 용서하라.

3. 타인 용서하기

용서는 마음을 평온하게 한다. 마음의 평화를 원한다면 용서할 수 있어야 한다. 과거 상처받은 경험을 살펴보고 그때의 감정을 몸과 마음으로 느껴 보고 그 사람을 용서한다. 그 당시 상처받은 자신의 마음을 수용하고 보살피면서 용서한다. 아직 용서하기 어려운 사람도 있을 수 있다. 그럴 때는 '내가 행복하기 위해서 용서하고 싶은데, 아직 용서하지 못하고 있구나!' 하면서 그 마음을 그대로 주시한다.

앞서 '01 건강과 행복', '02 스트레스 관리하기'에서 설명하였듯이 분노가 신체 건강을 해치므로 건강을 위해서는 용서할 줄 알아야 한다. 용서하는 것이 사실을 망각하라는 것은 아니다. 과거에 그 사람이 한 일을 기억하되 더 이상 그 사람으로 인해 마음의 평화가 깨지지 않도록 자기를 위해서 용서한다.

인간이나 세상에 대한 기대가 좌절되면 분노감이 일어난다. 그럴 때는 '내가 이 사람에게 사랑한다는 말을 듣고 싶었는데, 아무 말이 없어 실망하고 화가 나네!' 하면서 자기 마음을 알아차려야 한다. 있는 그대로 자기 마음을 인정하고 받아들이면 분노가 줄어든다.

📖 알코올치료공동체에서 모범적으로 잘 회복 중인 K씨는 최근 아버지를 용서하게 되었다고 한다. 어릴 때 아버지는 술을 마시고는 자신과 어머니를 구타하며 학대하였다. 견디다 못한 어머니가 가출하고 자신은 고아원에서 자랐다. 고아원을 나와 사회생활을 하면서 힘들 때마다 알코올로 도피하곤 하였다. K씨는 자신이 알코올 중독자라는 사실을 인정한 후에야 '아버지가 알코올 중독자였기 때문에 그럴 수밖에 없었구나!' 하고 아버지를 이해하면서 용서하게 되었다.

📖 B씨는 회사에서 과장에게 결재를 받으면서 억울한 일을 당하였다. 자신이 크게 잘못한 일도 아닌데, 과장이 심하게 화를 내는 것이었다. 순간적으로 당황스럽고 화가 났지만, 나중에 과장이 경쟁자인 다른 과장은 거래를 잘 성사시켰는데, 그는 방금 거래처로부터 거래 취소 통보를 받고 화가 났다는 사실을 알게 되었다. B씨는 과장이 화를 낸 것이 자신의 문제가 아니라 과장의 문제란 것을 알고, 과장의 문제로 자기가 더 이상 상처받을 필요가 없다고 생각했다. 그 사실을 안 다음에는 과장에 대해 안쓰러운 마음이 일어났으며 자신을 스스로 위로하였다.

다른 사람을 그 사람 입장에서 있는 그대로 볼 수 있고 이해할 수 있으면 용서할 수 있다. 어떤 사람이 자기에게 상처를 주었으나 이제 더 이상 그 사람과 과거로부터 구속받지 않겠다는 마음으로 용서할 수 있다.

나를 사랑하기 위해서는 지금 내가 할 수 있는 것부터 하나씩, 한 사람씩 용서해 본다. 용서함으로써 우리는 세상과 새로운 관계를 만들어 간다.

용서를 잘하기 위한 효과적인 기법의 핵심 요소는 용서에 대해 정의 내리기, 상처 떠올리기, 공감 형성, 자신의 가해 인식하기, 용서하기로 헌신하기, 용서하지 못하는 것을 극복하기를 포함한다(홍구화, 2013). 자신의 상처를 다시 회상하고 그 사람 입장을 이해하면서 용서하면 마음이 평온해진다.

집단 용서 프로그램이 집단에 참여한 사람의 심리적 상처를 치유하는 데 도움되었다. 가정폭력 피해여성 12명을 대상으로 매주 3회씩 10회기의 집단 프로그램을 운영한 결과, 용서 프로그램은 가정폭력 피해여성의 상처를 치유하고 심리 증상을 완화시키며 정신건강을 향상시켰다. 프로그램 내용에는 부당하고 고통스러운 상처를 회상하고 발견하며 미해결 상처로 인해 발생한 심리적 방어기제와 역기능적 패턴을 이해하는 것, 용서를 올바로 이해하고 용서의 중요성을 생각해 보는 것, 용서를 통해 의사소통과 대인관계 기술 등을 다루는 것, 자신이 경험했던 상처와 고통을 돌아보며 새로운 관점으로 용서의 의미를 탐색하는 것 등으로 되어 있다(강주희, 박종효, 2014). 또 여성 노인을 대상으로 매주 120분씩 총 8회기의 집단 용서 프로그램을 실시한 결과에서, 참여집단은 용서 정도가 증가했고 분노, 불안, 우울 등이 감소한 것으로 나타났다(장우심, 2010).

우리는 어린 시절부터 부모에게 상처받은 경험이 있다. 아버지가 나에게 상처 준 경험을 생각하고 그때의 감정과 몸의 느낌을 알아차린다. 용서할 준비가 되었다면 용서하는 것이 좋다. 또 어머니가 나에게 상처 준 경험을 생각하고 그때의 감정, 몸의 느낌을 알아차리면서 용서할 준비가 되었다면 용서할 수 있다. 잠시 호흡에 집중하면서 부모님께 상처받은 경험을 떠올리고 용서하는 시간을 갖자.

용서 구하기

대부분의 사람은 살아오면서 부모, 형제, 자녀, 친구 혹은 잘 모르는 사람에게 말이나 행동으로 상처를 주었을 것이다. 관계를 복원하기 위해서는 자신이 다른 사람에게 잘못한 일을 찾아보고 참회하며 용서를 구해야 한다. 우리는 지난날 다른 사람의 마음을 아프게 하였지만 잘못을 알지 못하거나 기억이 나지 않을 수 있다. 가톨릭교회의 고해성사처럼 '자신은 잘 알지 못하지만 이 밖에 지은 죄에 대해서 용서해 주시기를' 청해야 한다. 알코올 중독자의 자조모임인 AA 12단계에서 강조하듯이 회복을 위해서는 자신의 잘못을 참회하면서 보속하는 삶을 살아야 한다. 우리는 알게 모르게 가까운 가족부터 잘 모르는 사람에게까지 많은 상처를 주면서 살아왔다. 자기를 성찰할수록 다른 사람에게 상처 준 일이 많이 떠오른다. 자신의 잘못을 인정하고 참회하면서 보속의 삶을 사는 것이 자기를 존중하는 길이다.

지금 용서를 구해야 하는 대상을 만날 수 있다면 찾아가서 용서를 구해야 한다. 하지만 상대가 용서받을 준비가 되어 있지 않았다면 기다리는 것이 좋다. 용서를 구할 때도 상대가 나의 용서를 받아들일 수 있는 입장이나 상황인지를 알아보는 배려가 필요하다. 때로는 지금 용서를 구하는 것이 오히려 상대에게 상처를 줄 수 있다. 상대를 배려하지 않고 자기 죄책감이나 괴로움에서 빨리 벗어나기 위해서 용서를 구한다면 상대에게 또 다른 상처를 주는 것이다. 상대는 용서할 준비가 되지 않았는데 갑자기 찾아와서 용서해 달라고 하는 것은 상대를 분노하게 한다. 타인에게 용서를 구할 때는 용서를 구하고 싶은 내 마음에 중심을 두기보다는 상처받은 그 사람의 감정을 공감하면서 상대의 입장과 상황에 맞게 용서를 구해야 한다.

용서는 내가 아니라 그 사람 입장에서 그 사람이 느꼈을 상처, 불안이나 분노를 이해하고 공감하면서 자신의 잘못에 대해 진심으로 사과하고 그 사람이 행복하기를 바라면서 청한다. 그 당시에 나 자신은 몰랐지만 그 사람이 얼마나 상처를 받았을지, 그 일 때문에 얼마나 고통스러웠을지를 생각하고 용서를 청해야 한다. 용서를 구해야 할 분이 돌아가셨다면 마음속으로 그분에게 용서를 구해야 한다. 또 할 수 있는 보속을 해야 한다. 굳이 당사자가 아니더라도 다른 사람에게 자신이 할 수 있는 선행으로 보속한다. 다른 사람에게 용서를 청할 때는 자기와 상대의 마음을 잘 주시해야 한다. 자기 마음이 불편하거나 상대가 불편하다는 것을 알면 용서구하기를 뒤로 미루는 것이 좋다.

용서와 자비수행

나에게 잘못한 사람을 용서하는 것에 그치는 것이 아니라, 나에게 상처를 준 그 사람이 고통에서 벗어나 행복하기를 바라는 마음으로 용서해야 한다. 용서에서 자비수행은 나에게 잘못한 사람을 용서하는 것을 넘어서 그 사람이 행복하기를 바라는 것이다.

자비수행은 자기자비와 타인에 대한 자비로 구성된다. 자기자비는 자신이 고통이나 슬픔에서 벗어나 행복하기를 바라는 것이다. 개인의 자기자비가 높을수록 외상 사건에 대한 의미를 재해석할 수 있고, 용서가 잘 이루어진다. 외상적 상처가 심한 사람도 자기를 친절하게 대하고 사랑하면서 자신의 고통과 실패, 취약함에 대해 회피하지 않고, 열린 마음으로 수용함으로써 용서가 촉진된다(김미선, 홍혜영, 2015).

자비수행은 나에게 상처를 준 사람이 고통과 슬픔이 없기를, 그 사람이 자기를 사랑하기를, 그 사람이 행복하기를 바라는 것으로 다음과 같다.

그 사람이 고통이 없기를
그 사람이 건강하기를

그 사람이 행복하기를

용서를 하겠다고 마음먹었으나 실천하기 힘든 경우도 있다. 이때는 자기에 대한 자비수행부터 시작한다. 상처받은 자기를 잘 용서하지 못할 때에도 '내가 고통과 슬픔이 없기를.', '내가 용서하기를.', '내가 행복하기를.' 속으로 말하면서 자기를 보살핀다.

쉬운 일은 아니지만 자기에 대한 자비수행부터 시작해서 자신에게 상처를 준 그 사람이 고통이 없고 행복하기를 바라는 타인에 대한 자비수행을 할 수 있다. 호흡명상을 한 후에 간절히 바라는 마음으로 '○○○가 고통이 없고 행복하기를.' 하고 속으로 반복해서 말하면 마음이 편안해진다. 자비수행에 대해서는 '11 마음챙김과 자비수행하기'에서 좀 더 자세하게 다룰 것이다.

4. 용서의 기술

◉ **마음챙김하기** 지금 자기 마음에 떠오르는 한(恨), 억울함 등의 감정을 알아차린다. 또 자기 몸의 감각을 알아차리면서 그 사람의 입장을 주시한다.

◉ **용서가 자신을 위한 것이라고 깨닫기** 용서하는 것이 결국 자기 마음의 평화를 위한 것이었음을 알아차린다. 나를 위해서 가

능한 빨리 용서한다.

◉ **감정 표현하기** 자기 마음속의 한, 억울함, 분노 등을 믿을 수 있는 사람에게 말한다. 감정을 표현함으로써 억울함이나 분노가 줄어들고 용서할 수 있는 마음의 여유가 생긴다.

◉ **자기 용서하기** 스스로에게 잘못한 것을 찾아보면서 용서한다. '그때 그 상황에서는 그럴 수밖에 없었구나!' 하면서 잘못을 알아차리고 자기를 용서한다.

◉ **타인 용서하기** 지금 나를 사랑한다면 과거에 다른 사람에게 받은 상처를 기억하고 그때의 감정을 느껴 보면서 용서한다. '그때 그 사람 입장에서는 그럴 수도 있었구나.' 하면서 용서할 수 있다. 혹은 '○○○의 고통과 슬픔이 사라지기를.' 하면서 자비명상을 한다.

◉ **가능한 한 빨리 타인에게 용서 구하기** 상대가 용서받을 준비가 되어 있다면 가능한 한 빨리 찾아가서 진심으로 용서를 청해야 한다. 하지만 상대의 입장이나 상황을 고려해야 한다. 용서 구하기는 내 입장이 아닌 그 사람의 입장이나 상황에 맞추어야 한다.

토의 주제

- 스스로에게 잘못한 것을 알아보고 자기 용서하기

- 타인에게 상처받은 경험을 알아보고 타인 용서하기

10
영성과 삶의 의미 찾기

<3분 호흡명상>

지금부터 약 3분간 호흡명상을 하겠습니다.
먼저 허리를 똑바로 세우십시오.
고개는 들고, 어깨와 몸의 힘을 빼십시오.
부드럽게 눈을 감고 몇 차례 깊고 길게 호흡합니다.
이번에는 평소와 같이 호흡하면서
코끝에서 숨이 들어오고 나가는 것을 알아차립니다.
숨이 들어오면 들어오는 것을 알아차리고,
나가면 나가는 것을 알아차립니다.
중간에 어떤 생각이 떠오르면 그 생각을 알아차리며 다시 호흡에 집중합니다.

1. 영성의 행복 찾기

영성은 지성과 감성을 넘어서는 것으로 마음을 지배한다. 영성 (spirituality)은 라틴어의 '숨 쉬다' '호흡하다'는 뜻으로, 살아 있는 유기체에 생명을 불어넣은 에너지로 볼 수 있으며, 특정 종교나 종파를 초월하여 삶의 의미나 목적 등을 포함하는 것으로 볼 수도 있다 (정철영, 2018).

지금 자신이 어려움을 겪고 있다면 고통의 의미를 생각할 수 있다. 고통을 어떤 의미로 받아들이냐에 따라 고통이 은총이 될 수도 있다. 신체적 고통이나 대인관계에서의 외로움도 받아들이기에 따라 성장의 계기가 된다.

영성은 자동적으로 일어나는 내 생각과 감정을 주시하는 것으로 참나의 기능이다. 영성은 개인의 생각을 주시하고 조절하면서 개인을 행복하게 이끄는 기능을 한다. [그림 10-1]과 같이 영성은 자신의 몸, 행동, 감정, 사고를 보고 조절한다.

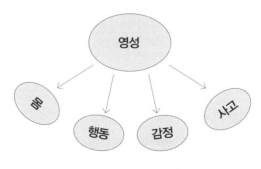

[그림 10-1] 영성의 역할

영성은 스트레스와 정신건강 간에 조절 효과를 가진다. 스트레스를 받더라도 영성의 힘이 있으면 정신건강을 잘 유지할 수 있다(최희철, 2013). 또한 영성은 삶의 어려움을 견디어 낼 힘을 준다. 나는 누구인가? 그래도 내가 살아야 하는 의미가 있는가 등에 대해서 자주 생각해 보는 것은 자기 삶의 질을 높인다.

영성은 '돌아온 탕아'에 등장하는 아버지와 같이 과거를 묻지 않고 지금-여기서 행복한 삶을 살게 한다. 자기와 타인을 무조건 사랑하면서 행복하게 한다. 그러면서 영성은 지금까지 자신의 욕구 만족을 위해서만 살아오던 삶의 방식에서 벗어나서 자신과 이웃 그리고 신을 사랑하면서 기쁘게 살아가게 한다. 영성은 힘들고 괴로웠던 과거를 잘 이겨 낸 사람에게 그 고통을 통해 더 발전하고 성장하게 한다. 누구나 참나를 자각하고 만나면 외로움, 불안, 가난, 소외감 등의 고통이 성장의 계기가 된다.

팔정도

팔정도(八正道)는 행복으로 이끄는 길로 부처님이 특별히 강조하신 실천적 삶이면서 수행의 방법이다. 팔정도는 지혜에 해당되는 정견(正見), 정사유(正思惟), 계율에 해당되는 정어(正語), 정업(正業), 정명(正命), 정(定)에 해당되는 정정진(正精進), 정념(正念), 정정(正定)으로 구분할 수 있는데, 이 여덟 가지는 서로 연결되어 있다. 바른 견해를 가졌기에 올바른 생각을 하며, 올바른 생각을 하면 올바른 말과 행동을 하는 것 등으로 서로가 연결되어 있다. 또 마음챙김을 올바로 해야 올바른 지혜를 가질 수 있고 올바른 행동을 하게 된다.

남에게 상처 주는 말을 하지 않는 것이 올바른 말이 되며, 가정이나 직장에서 주어진 역할을 다하는 것이 올바른 행동이고 이를 실천하는 것이 팔정도이다.

올바른 견해인 정견은 인과관계를 알고 총체적으로 보는 것이다. 모든 것이 우연히 일어났다고 보지 않고 원인과 결과로서 본다. '콩 심은 데 콩 나고 팥 심은 데 팥이 나듯이' 그런 일이 일어나기 전에는 일어날 수 있는 어떤 원인이 있음을 잘 아는 것이다. 그 원인을 잘 알아야 불행을 줄이고 행복할 수 있다.

정사유는 올바른 생각이다. 지금 자신이 하는 생각을 살펴보고 그 생각이 왜곡되어 있고 비합리적이면 생각을 올바로 바꾸어야 한다. 생각이 올바르지 않으면 마음이 불안하고 올바른 행동을 하기 어렵다. 올바른 생각은 사실에 근거하고 자기와 다른 사람에게 이익과 행복을 준다.

올바른 말이란 거짓말, 이간질, 욕설, 쓸데없는 말을 피하고, 이 네 가지의 반대에 해당되는 말을 하는 것이다(아신 빤딧짜 스님, 2018). 즉, 진실되고, 관계를 좋게 하며, 지금 이 자리에 필요한 말을 하는 것이다. 말을 하기 전에 상대방 입장에서 '이 말을 하면 어떻게 될까?' '이 말이 저 사람과 나와의 관계를 좋게 할까?' '이 말이 지금 이 자리에서 필요한 말인가?' '할 필요가 없는 말인가?' 등을 생각해 보면서 말한다.

정업은 올바른 행동을 말하며, 정명은 올바른 직업을 말한다.

살생, 도둑질, 삿된 음행 세 가지를 피하고 생명을 죽이지 않고 살리고 보호해 주는 것이 올바른 행동이다. 올바른 직업이란 자기와 다른 사람에게 해가 없고 도움을 주는 일에 종사하는 것이다. 자기가 이 세상에서 할 수 있는 일 중에서 가장 잘하고 좋은 일을 찾아서 하는 것이다.

정정진과 정념, 정정은 올바른 수행과 관련된다. 정정진은 나쁜 일을 하지 않도록 노력하는 것이다. 지금까지 하지 않았던 나쁜 일을 아예 하지 않도록 노력하고, 하지 못했던 좋은 일을 열심히 하고 이미 하였던 좋은 일은 더 많이 하도록 노력하는 것이다(아신 빤딧짜 스님, 2018). 정념은 올바른 생각을 지속적으로 하는 것이다. 정정은 항상 깨어 있는 상태를 말하며 호흡, 몸과 마음 등 총체적 상황을 주시하는 것이다.

팔정도에서 특히 우리가 실천해야 하는 것은 계율에 해당하는 정어, 정업, 정명이다. 일상에서 올바른 행동을 실천하지 않고는 영적 성장이 되지 않는다. 총체적으로 자기주시를 하면서 올바른 말을 하고, 다른 사람을 배려하면서 사회에 도움이 되는 일을 해야 한다.

영성과 신앙

영성은 어떤 특정한 종교에만 제한되는 것이 아니다. 인간이 자기를 올바로 이해하고 삶의 의미와 목적을 갖는 것, 용서하는 것 등이 포함된다. 영성을 성장시키기 위한 방법은 마하리쉬(Ramana Maharshi)가 이야기하였듯이 자기 자신을 주시하면서 수행해 가는 수행법이 있다. 또 하나는 신을 믿고 따르는 것이다. 신에 의지할 때는 어린아이와 같이 순수한 믿음을 가지고 사랑을 실천해야 한다. "하느님께서 내 안에 계시고 나는 아버지 안에 있다. 오직 하나입니다."(요한 17, 21.22)라는 그리스도의 말씀처럼 살아야 한다. 항상 영성이 나와 함께하는 데 내가 받아들이지 않고 믿지 않을 뿐임을 알아야 한다. 지금 영성이 내 안에서 함께하심을 믿고 자신과 이웃을 사랑하며 사는 사람은 행복하다. 우리의 에고는 욕망을 만족시키려 하고 고통을 피하도록 한다. 성령은 나만 생각하는 에고적인 삶에서 벗어나서 가족, 이웃, 신을 올바로 사랑하게 한다. 올바르게 사랑한다는 것은 자기를 잘 주시하는 것이다. 그리스도인은 지금 이 순간 하느님이 자기와 함께하심을 믿고 자신이 성령의 뜻에 따라 살아가는 것에서 기쁨과 영광을 느낀다. 올바른 신앙인이 되기 위해서는 하느님의 말씀을 하느님의 뜻대로 받아들일 수 있는 어린아이와 같은 순수함이 필요하다.

사람이 하느님의 뜻을 올바로 아는 것은 쉽지 않다. 기도를 해도 아무런 응답이 없을 때도 있다. 하지만 응답이 없는 것 또한 신의 뜻으로 생각하면서 자기 양심에 따라 선택하고 책임지면 된다. 인간인 우리로서는 정말 무엇이 하느님의 뜻인지 검증하기 쉽지 않다. 다만, 끊임없는 자기주시로 욕심을 없애면서 자기 양심의 소리를 들어야 한다. 인간의 눈에는 지금은 좋아 보여도 나중에는 나쁜 것이 있고, 지금은 손해가 되어 보여도 나중에 이익이 되는 것도 있다. 인간의 지혜는 한계가 있음을 믿고 열심히 노력하되 그 결과는 하느님의 뜻에 맡겨야 한다.

개인이 신에 대한 순수한 믿음을 가지면서 주어진 자기 역할을 잘하는 것은 신의 은총이다. 올바른 신자는 신앙을 통해 마음이 편안하고, 가족이나 주변 사람을 잘 배려하면서 한층 더 성장한다. 하지만 영성이 현실 도피나 자기만족에 그치거나 혹은 다른 사람에게 보이기 위한 것일 경우는 올바른 영성이라 할 수 없다. 심한 경우에는 영성에 중독된 삶을 살 수 있다. 영성이 자기로부터 도피나 현실에서 도피가 되어서는 안 된다. 올바른 영성은 자기와 현실을 잘 직시하고 현실에서 주어진 자기의 역할을 잘하게 한다.

진정한 영성은 알코올 중독자 자조모임인 AA에서 이야기하듯이 자기를 정직하게 성찰하고 참회하면서 신이나 다른 사람에게 자신의 마음을 고백하면서 지난 잘못을 보속하고, 지금 자기에게 주어진 역할을 다하는 것이다. 회복 중인 중독자가 자기 잘못을 인정하고 다른 중독자에게 봉사하는 보속적인 삶을 사는 것은 영성의 모범이 된다.

지속적인 자기주시로 건강한 영성생활을 해야 한다. 사람은 자기 생각으로 만든 신을 알아차려야 신의 참모습을 보다 잘 볼 수 있다. 신앙이 자기로부터의 도피나 현실의 고통에서 벗어나기 위한 방편으로 사용된다면 자기의 역할을 다하지 못하고 주변 사람에게도 피해를 준다.

영성이 성장하기 위해서는 정신이 건강해야 한다. 자기를 사랑하고, 현실을 있는 그대로 직시하면서 지금 자기에게 주어진 역할을 다하는 것이다. 불안과 공포 혹은 기분의 앙양, 환각 등의 정신병적 증상이 있을 때는 전문가를 찾아 진료를 받고 심리적 문제를 치료한 후에 영적 성장을 위한 길을 걸어야 한다. 건강하지 않을 때는 심리 치료가 우선되어야 한다. 명상을 할 때도 좋은 스승을 만나야 올바른 수행을 할 수 있고 성장할 수 있다.

자기주시를 할 수 있다는 것은 자신의 내면에 참나가 살아 있음을 증명하는 것이다. 자기수행을 통해서이든 믿음의 체험을 통해서이든 참나를 만나면 자기 마음이 평화롭고 주변 사람에게 사랑과 평화의 향기를 보낼 수 있다.

항상 현실을 있는 그대로 알아차리는 자기주시가 영적인 삶에서도 기본이다. 최상의 행복은 현실을 직시하되 세상의 일에 집착하지 않는 담담한 마음으로 살아가며, 슬픔이 없어 안온하며, 탐욕에서 자유롭고, 충만한 안정감과 행복감으로 순간순간 깨어 있는 삶을 사는 것이다(미산 외, 2010).

자연에서의 영성 찾기

사람은 자연의 일부이다. 자기를 포함하여 살아 있는 모든 것, 자연 속에서 영성을 찾고 만나야 한다. 숲을 통해서, 강이나 바다를 보면서, 우주를 바라보면서 우리는 자연의 영성을 볼 수 있다. 사람은 자연과 대화하고 자연에서 배움으로써 성장한다. 자주 자연을 만나 대화하면서 마음의 평화와 기쁨을 느끼면 행복한 사람이다.

자연 자체를 위하여 자연을 보고, 자연이 얼마나 선한지 알아차리고, 모든 것이 특별한 목적을 가지고 존재한다는 것을 알아차리는 것이 신의 뜻이다(Linn, Linn, & Linn, 2018).

나는 가을날 길 옆에 핀 한 송이의 구절초를 보고 모든 걱정이다 사라지고 삶에 대한 용기가 생긴 경험이 있다. 한 송이의 코스모스를 보고 위로받기도 하였다. 지금 연구실에는 서양난초가 한 촉있다. 구입한 지 5년이 지난 것으로 말라서 죽을 줄 알았는데, 일 년전부터 기적적으로 살아나서 지금 5개월째 화려하게 꽃을 피우고있다. 나는 자주 이 꽃을 바라보면서 삶의 의지와 용기를 배우고 위로를 받는다.

자연은 우리에게 많은 것을 가르쳐 준다. 젊었을 때는 분홍빛 벚꽃만 아름다운 줄 알았으나 나이가 들어서는 가을 벚나무의 붉은 단풍잎도 참 아름답다는 것을 느낀다. 젊음도 아름답지만 나이 듦도 아름답다. 삶과 죽음의 과정도 자연의 현상으로 아름답게 볼 수 있다.

생명의 영성

우리가 지금-여기에 살아 있음은 축복이다. 살아 있는 생명체로서 우리는 활기차고 신나게 살아야 한다. 그것이 자연의 섭리이며 하느님의 뜻이다. 욕심이나 집착에 매이지 않고 지금-여기서 자신이 할 수 있는 일을 즐겁게 하면서 살아간다. 세상의 바람에 꺼지지 않고 마음껏 자신을 불태워 세상을 밝게 비추는 햇불처럼 밝고 아름답게 생을 마감할 수 있는 사람은 행복하다.

❖ 자연 속에서 자연과 일치될 때 마음이 편안하고 행복하다. 자주 자연 속에서 행복을 느껴 보자.

2. 삶의 의미 찾기

내가 살아야 할 의미를 자각하고 있으면 행복하다(Peterson, Park, & Seligman, 2005). 대학생을 대상으로 한 연구에서 행복과 삶의 의미 간에는 정적 상관이 있었다(김춘이, 2019). 고등학생을 대상으로 한 연구에서도 삶의 의미를 찾고 추구하면 행복하며, 삶의 의미를 추구할수록 미래에 대한 희망감 수준 또한 높았다(서영숙, 서경현, 2017). 삶의 의미가 없으면 우울하고 행복감이 줄어든다(Hill, 2017).

내가 만난 도박 중독자나 알코올 중독자에게 삶의 의미나 목표가 무엇인지를 물어보면 "아직 삶의 의미나 목표가 없다."고 말하는 사람이 대부분이었다. 자기 삶의 목표나 의미가 있을 때는 고통을 잘 이겨 내고 중독 대상으로 도피하지 않는다. 자기 삶의 목표가 없는 청소년은 우울하고 알코올이나 도박, 게임 등의 중독에 빠지거나 비행행동을 하기도 한다. 삶의 의미와 가치관을 가지고 있으면 힘든 상황에서도 잘 견뎌 내면서 행복할 수 있다.

중독에서 회복되어 모범적으로 살아가는 한 회복자는 "내 삶의 의미는 중독자가 회복되는 것을 도와주는 것이다."라고 말하였다. 그분에게는 자신이 살아야 할 의미는 다른 중독자를 도와주는 것이고, 그것이 자기를 행복하게 한다. 이처럼 삶의 의미는 고통 속에서도 살아갈 희망과 용기를 주며 삶을 평온하게 한다. 암 환자는 극심한 고통을 겪지만, 그 제한된 삶 속에서 인생의 의미와 목적을 찾으면서 삶의 용기를 가지고 고통을 경감하면서 영적 안녕을 느낄 수 있다(강경아, 한숙정, 김신정, 임영숙, 2018).

내가 여기서 목적이나 의미를 알고 일할 때는 일이 재미가 있고 성과도 높다. 자기가 하는 일에 의미가 있을 때는 더 열심히 일하면서 행복감도 높아진다. 지금 내가 원하는 것은 무엇인가, 내가 앞으로 어떻게 살 것인가, 지금 내가 이 일을 하는 의미가 무엇인가를 생각해 보는 것은 삶의 여행길을 올바르게 걸어가도록 하는 나침반이 된다. 잠시 흔들리더라도 나침반을 보면서 다시 방향을 찾게 된다.

삶의 목표가 무엇인지를 아는 것은 자동차를 운전하는 사람이 자동차가 가야 할 목적지를 알고 운전하는 것과 같다. 쉬면서 가고 들러 가더라도 마침내 그 사람은 목적지에 도달한다. 목적지가 없는 운전자는 시간이 지나도 같은 길을 맴돌 수 있다. 인생에서도 자기에게 의미와 보람을 가질 수 있는 일이 무엇인가를 생각하고 지금 그길로 걸어갈 수 있어야 보다 행복한 삶을 살게 된다. 고통스러운 상황에 직면하더라도 지금 이 일이 나에게 어떤 의미를 주는가를 생각하면 마음이 편안해지고 용기를 갖게 된다. 지금 내가 이 일을 해야할 의미가 무엇인지를 생각하면 용기를 얻을 수 있고 고통을 잘 견딜수 있다. 내가 죽지 않고 살아야 할 삶의 의미와 목표가 있으면 고통을 통해 자신이 더 성장할 수 있다.

삶의 의미는 의미 추구와 의미 발견으로 구분될 수 있다. 의미추구는 주관적인 안녕감이나 행복감과는 무관하여 오히려 고통스럽더라도 자기 존재에 대한 이해와 성장의 동기가 된다. 삶의 의미를 발견한 사람은 자기초월적이며 이타적인 행동을 하여 삶의 질이높아진다(정미영, 2013). 우리는 자주 지금 내가 하는 일이 어떤 의미가 있는지, 지금 나는 내가 정한 삶의 목표를 향해 가는지를 성찰해보아야 한다.

가치관은 삶의 목표와 관련된다. 자기가 무엇을 좋아하고 무엇을 귀중하게 생각하는지를 알아보라. 자기 삶의 가치관을 모르면좌절하기 쉽고, 삶의 의욕이 떨어진다. 자신의 가치관을 명확하게아는 것은 행복과 관련이 깊다(조유림, 박순아, 2018).

공부를 하든, 장사를 하든, 노동을 하든, 어떤 일을 하든지 간에 그 일의 가치와 의미를 생각해 가면서 일할 때 행복하다. 사람에따라 일을 하는 의미가 다를 수 있다. 의과대학에서 공부하는 이유가 돈을 잘 벌기 위한 사람도 있고, 사람의 생명을 구하기 위한 사람도 있다. 식당 영업을 하더라도 돈만 생각하는 사람도 있고, 오는 손님의 건강과 힐링도 같이 생각하는 사람도 있다. 의미를 가지고 일하면 일의 성과도 높고 삶도 더 풍성해진다.

학생이 공부하는 목적이 많은 사람이 질병의 고통에서 벗어나 더 건강하고 행복할 수 있도록 돕기 위한 것이라면 그 과정이 힘들더라도 보람을 느낄 수 있으며, 목표를 기꺼이 이루게 된다. 무엇을 하든 간에 의미를 가지면서 일해야 일의 성과도 높다. 삶의 목적은 매우 깊이 내재해 있으므로 삶에서 경험하는 여러 어려운 상황과 실수가 우리가 그 목적을 수행하는 것을 근본적으로 막을 수는 없다(Linn, Linn, & Linn, 2018).

우리가 병으로 고통받거나 신체장애, 경제적 어려움 등에 처해 있을 때는, 특히 지금 자신이 겪는 고통의 의미에 대해서 더 자주 질문하고 답해야 한다. 제자 중에 체조선수로 활약하다가 사고로 신체장애를 가지게 된 학생이 있다. 이 학생은 대학에 들어와서 자신의 장애를 받아들이면서 열심히 공부하여 마침내 상담심리 분야의 박사가 되어 지금은 장애인을 비롯한 주변 사람들에게 많은 도움을 주고 있다. 본인의 꿈은 "앞으로 장애인을 상담하여 이들이 희망을 가지고 행복하게 살게 하는 것이다."라고 하였다. 사고로 인한 신체의 장애가 고통과 좌절로 끝나지 않고, 자신으로 하여금 힘든 사람을 도와주는 훌륭한 상담가로 살아가게 한 것이다.

잠시 멈추어 '지금 내가 하는 행동이 어떤 의미가 있을까?', '나의 가족은 지금 내 행동을 어떻게 볼 것인가?', '내 친구는 지금 내가 하는 일을 어떻게 생각할 것인가?', '이 일이 신의 뜻에 맞는 것일까?'를 생각하는 것은 삶의 질을 높인다.

일상에서 무료하게 해 오던 일도 잠시 멈추어서 이 일의 의미를 생각하면 일에 대한 부담이 줄어들고 즐거움을 느낄 수 있으며, 행복감이 높아진다. 자주 '지금 내가 하는 일이 어떤 의미가 있을까?', '신이 나에게 요구하는 것은 무엇일까?'를 질문하고 대답한다.

우리는 매일 숨 쉬고 생각하고 느끼며 행동하는 과정에서 나름의 의미를 만들어 낼 수 있다. 즐거운 일이면 즐거운 일에서, 괴로운 일이면 괴로운 일에서 어떤 의미를 만들어 간다. 그 의미는 본인이 묻고 본인이 대답하는 것이다. 같은 일이라도 의미가 있으면 고통이 줄어들고 행복하다.

❖ 자주 자신의 삶의 의미와 목표를 생각해 본다. 특히 고통스러울 때 고통의 의미를 찾아보면 용기를 얻게 된다.

죽을 수밖에 없는 존재로서의 우리

삶은 죽음과 연결되어 있다. 모든 사람은 언젠가는 죽는다. 조금 앞서가는 사람도 있고, 뒤에 가는 사람이 있을 뿐이지 우리 모두가 죽는다는 것은 사실이다. 부처님은 사람이 숨 한 번 쉬지 않으면 죽는 것으로, 죽음은 삶과 함께 붙어 있다고 하셨다. 그래서 살아 있는 지금 이 시간이 귀중하다.

'내가 죽은 다음에 가족은 나를 어떤 사람으로 기억할까?' '친구들은 나를 어떻게 기억할까?'를 생각하면 지금 내 행동이 좀 더 진지해진다. 죽음의 자리에서 삶을 바라보면 '내 삶을 어떻게 다듬을까?'를 깊이 묵상하게 된다. 정리하지 못한 것을 정리하고 맺힌 것을 풀고 열심히 사랑하게 된다(이태형, 2018).

살아 있을 때 마지막 순간을 생각하는 것은 지금 내가 더 가치 있는 행동을 선택하게 한다. 그 시간은 알 수 없지만, 언젠가는 죽어야 하기에 지금-여기에 깨어서 즐겁게 살아야 한다. 만약 내가 일주일 후 혹은 한 달 후에 죽는다고 가정하고 '지금 내가 무엇을 해야 할까?' '무엇을 먼저 하고 싶을까?'를 생각하면 지금 나에게 소중한 일이 무엇인지, 소중한 사람이 누구인지를 알게 된다. 지혜로운 사람은 자신에게 귀중한 일, 소중한 일을 뒤로 미루지 않고 지금 실천한다.

죽음을 생각하면서 살아가는 것은 우리에게 주어진 시간과 에너지를 올바로 사용하게 한다. 죽음을 잘 맞이하기 위해서는 무엇보다 자신에게 정직해야 한다. 죽음의 순간에 우리는 자신을 속일 수 없다. 평소에 죽음에 대해서 자주 생각하고 죽음을 자연적인 현상으로 받아들이고, 모든 것을 신의 뜻에 맡길 수 있으면 편안하게 세상을 떠날 수 있다.

죽음이란 우리 몸에서 혼과 생명이 사라지는 것이다. 하지만 죽음은 영원한 끝이 아니요, 새로운 삶으로 옮겨 가는 것이다(송차선, 2018). 육체는 사라지지만 사랑의 기억은 오랫동안 다른 사람에게 남겨지고 살아간다. 돌아가신 부모님의 사랑은 자식들의 기억에 살아 있다. 성현들의 말씀은 지금 우리 마음에 살아나서 우리를 행복하게 한다.

죽을 수밖에 없는 존재임을 받아들이면 지금 자신이 정말 무엇을 해야 하는지, 어떻게 살아야 하는지를 더 명료하게 알 수 있다. 죽음에 대해 성찰하고 죽음을 자각하는 것은 인간을 더욱 가치 있는 존재로 살아가게 한다(현미자, 2012).

사람은 자연적인 현상으로 죽음을 잘 받아들여야 편안하고 자연스럽게 떠날 수 있다. 또 유한한 존재로서 살아 있을 때 죽는다는 사실을 미리 받아들이면 모든 일에 집착이 줄어들고 초연하게 살아간다(송차선, 2018). 매일이 새로운 부활의 삶을 살아갈 때 죽음을 편안하게 맞이할 수 있다.

3. 영성과 삶의 의미 찾기의 기술

◉ **지금 내가 느끼는 고통의 의미 생각하기**
실패와 좌절, 고통 속에서 '지금 이 고통의 의미가 무엇일까?'를 생각하면 용기와 힘이 난다. 힘들 때는 '지금 나에게 이 고통의 의미가 무엇인가?'를 스스로 묻고 답할 수 있어야 한다.

◉ **일의 소명 찾기** 어떤 일을 하기 전에도 '이 일을 하는 의미가 나에게 무엇인가?'를 한번 더 생각하면서 일한다면 삶의 질이 높아진다. 또 '지금 내가 하는 이 일이 죽을 때에도 후회하지 않을 것인가?'를 생각해 본다.

◉ **신과 함께함을 믿기** 어려울 때나 기쁠 때나 신이 항상 나와 함께한다는 믿음을 가지고 살아가면 행복하다.

◉ **죽음에 대해 생각하기** 그 시간과 장소는 모르지만 자신은 언젠가는 죽을 수밖에 없는 존재임을 인식하고, 살아 있는 동안에 해야 할 소중한 것을 알아보고 실천해야 한다. 세월은 너무나 빨리 흐르기에 누구나 자신에게 가장 소중하고 의미 있는 일부터 먼저 해야 한다. '만일 지금 내가 곧 죽는다면 무슨 일을 먼저 해야 할까?'를 생각하면서 그 일을 선택한다. 그것이 삶을 의미 있게 한다.

◉ **팔정도의 행복 찾기** 정견(正見), 정사유(正思惟), 정어(正語), 정업(正業), 정명(正命), 정정진(正精進), 정념(正念), 정정(正定)의 팔정도 삶을 실천하면 행복하다.

토의 주제

○ 내가 죽지 않고 살아야 한다면 그 의미는 무엇인가?

○ 영적으로 살기 위한 기술에는 어떠한 것이 있는가?

11
마음챙김과 자비수행하기

\<3분 호흡명상\>

지금부터 약 3분간 호흡명상을 하겠습니다.

먼저 허리를 똑바로 세우십시오.

고개는 들고, 어깨와 몸의 힘을 빼십시오.

부드럽게 눈을 감고 몇 차례 깊고 길게 호흡합니다.

이번에는 평소와 같이 호흡하면서

코끝에서 숨이 들어오고 나가는 것을 알아차립니다.

숨이 들어오면 들어오는 것을 알아차리고,

나가면 나가는 것을 알아차립니다.

중간에 어떤 생각이 떠오르면 그 생각을 알아차리며 다시 호흡에 집중합니다.

1. 마음챙김의 이해

명상은 크게 집중명상과 지혜명상으로 나뉜다. 지혜명상의 하나인 마음챙김은 호흡과 몸의 느낌, 감정, 행동 등을 분리하여 주시한다. 마음챙김은 자기주시로 자기 몸과 마음의 상태를 있는 그대로 관찰하는 것이다. 자기를 제삼자 관점에서 순수하게 관찰한다.

마음챙김은 판단하거나 평가하지 않고 순수하게 지금-여기에서 일어나는 호흡이나 몸의 감각, 감정, 행동 등을 명료하게 알아차린다. 지금 자신의 몸에서 일어났다가 없어지는 느낌, 마음에서 일어나는 변화를 그냥 그대로 주시하는 것이다. 일어났다가 없어지는 마음의 현상을 있는 그대로 보되 상황과 상대방에 맞추어 마음을 다스리고 행동하므로 행복한 삶을 살게 된다.

명상은 개인이 건강할 때 해야 효과가 있다. 명상은 또 개인의 상태나 수행 수준에 맞게 유연하게 사용한다. 개인이 피곤할 경우에는 몸에 대한 마음챙김을 우선 실시할 수 있다. 어린아이나 집중이 잘 안 되는 사람은 그 사람에 맞는 단순한 행동의 반복이나 몸에 대한 마음챙김을 실시할 수 있다.

1) 명상의 방법

호흡명상

마음챙김은 몸에 대한 마음챙김과 마음에 대한 마음챙김으로 나눌 수 있으며, 몸에 대한 마음챙김은 호흡에 대한 마음챙김과 몸의 감각을 알아차리는 마음챙김이 있다.

호흡명상은 바닥이나 의자에 앉아서 할 수도 있으며, 서서도 할 수 있다. 의자에 앉아서 한다면 엉덩이를 의자 깊숙한 곳에 대고 발은 어깨너비로 11자로 펼친다. 허리를 쭉 펴고 어깨에 힘을 뺀다. 그리고 조용히 눈을 감고 하는 것이 좋다.

호흡에 대한 명상은 호흡에 집중하는 수식관 명상과 멈춤 호흡명상, 호흡을 주시하는 명상 등이 있다.

수식관 명상은 숨을 내쉴 때마다 하나부터 열까지 숫자를 헤아린다. 마음을 안정시키고 집중하는 데 효과가 있다.

멈춤 호흡명상은 숨을 들이쉬거나 내쉴 때 멈추는 것을 알아차리는 것이다. 숨을 들이쉬면서 멈추는 것이 편한 사람은 들이쉬면서 멈추고, 숨을 내쉬면서 멈추는 것이 편한 사람은 내쉴 때 멈춘다. 깊게 숨을 들이쉬면서 멈추고 깊게 숨을 내쉬면서 멈추어도 된다. 호흡을 멈추면 모든 생각과 감정이 멈추어진다. 불안하거나 화가 났을 때 멈춤 호흡명상을 하는 것이 도움이 된다.

호흡을 주시하는 명상은 숨이 들어오고 나가는 것을 알아차린다. 숨이 들어오면 들어오는 것을 알아차리고, 숨이 나가면 나가는 것을 알아차린다. 숨이 들어오고 나갈 때 느낌을 순수하게 관찰한다. 코끝이나 아랫배 등에서 일어나고 사라지는 자기의 호흡을 떨어져서 지켜본다. 관찰하는 내가 관찰되는 호흡을 분리주시한다. 지금 숨이 들어가는지, 나오는지, 멈추어 있는지, 거친지, 부드러운

지, 짧은지, 긴지 등을 알아차린다. 호흡을 알아차림으로써 마음이
안정된다.

몸의 감각에 대한 마음챙김

몸의 감각에 대한 마음챙김은 정수리에서부터 발끝까지 지금
자기 몸에서 일어났다가 사라지는 감각의 변화를 알아차린다. 몸에
서 일어나는 차가움, 따스함, 간지러움, 편안함 등을 관찰한다. 몸의
감각에 대한 마음챙김은 누운 자세에서 하는 것이 좋다. 누운 채로
몸의 각 부위가 자신에게 하는 말을 들어 본다.

눕기 어려운 공간에서는 의자에 앉아서 등을 기대지 않고 머리
에서 발끝까지의 느낌을 알아차린다. 척추를 똑바로 펴고 어깨에
힘을 빼고 앉으면서 눈을 감는다. 간편하게는 목, 가슴, 배, 허리, 발
바닥 등의 느낌을 주시한다. 중독자나 일부 사람은 자기 몸에서 일
어나는 감각이 없다고 하는데, 집중이 잘 안 되어 감각을 알아차리
기가 어려울 뿐이다. 누구나 반복하여 수행하면 자기 몸에서 일어
나는 미세한 감각도 알아차릴 수 있다. 몸의 감각에 대한 마음챙김
은 호흡명상이 잘 되지 않을 때나 피곤할 때도 사용할 수 있다.

걷기명상

마음챙김은 걸으면서도 할 수 있다. 발을 움직일 때 발바닥의
느낌을 알아차린다. 이때 손은 앞으로 두어도 되고 옆에 두어도 되
고 뒤에 두어도 된다. 자연스럽게 한다. 발을 움직이다가 다른 생각

이 떠오르면 알아차리고 잠시 멈추어 호흡에 집중한 다음에 다시 발바닥의 느낌을 관찰한다.

일상에서의 마음챙김

일상에서 자기 몸의 느낌과 마음, 행동을 관찰할 수 있으면 대인관계가 편하고 일의 성과도 높다. 지금 이 순간 자기 마음이 과거나 미래에 가 있다는 것을 알아차리면 지금-여기에 집중한다. 어디에서나 지금 이 자리에서 일어나는 자기 호흡이나 몸의 감각, 행동, 감정을 주시한다. 마음챙김은 지금 일어나는 마음을 주시하는 것이지 마음에 대하여 생각하는 것이 아니다.

지금 자기 마음에 일어나고 사라지는 감정을 순수하게 알아차리면 마음이 편안해지면서 상황에 잘 적응한다. 자기에게 일어나는 욕심이나 분노를 알아차리면 욕심이나 분노의 힘이 약해지고 마음이 안정된다. 자기 마음을 관찰하는 것은 심리 과정의 연쇄를 끊는 것이다. 갈망이 일어날 때 갈망을 알아차리면 행동으로 옮기지 않는다(박상규, 2016). 어떤 감정이나 충동도 그대로 주시하면 마음이 안정되고 조절할 수 있다.

감정이 일어날 때 감정에 이름을 붙이면 마음이 안정된다. 감정에는 긍정적 감정과 부정적 감정이 있다. 기쁨, 즐거움, 사랑, 감사 등은 긍정적 감정이고, 미움, 불안, 우울, 화남 등은 부정적 감정이다. 또 자기에게 일어나는 감정이나 욕망을 '손님' 혹은 '도둑놈' 등으로 객관화하여 볼 수 있으면 마음이 평온해지고 조절력이 높아진다. 외로움이 일어나면 '그분이 왔구나!' 하고 알아차린다.

사람을 만날 때도 자기와 상대, 상황을 총체적으로 주시하면 상대를 잘 공감할 수 있어 대인관계가 좋아진다.

숲속 등 자연에서의 마음챙김

숲과 같은 자연은 우리를 위로하면서 신체 건강을 좋게 한다. 숲과 같은 자연에서 명상을 하면 마음이 더 안정되고 기분이 나아진다. 숲속에 앉아 오감을 알아차리는 명상을 한다. 신선한 공기 마시기, 숲에서 들리는 새소리 듣기, 따스한 햇살 느끼기, 흙냄새와 꽃의 향내 맡기, 숲에서 부는 바람을 피부로 느끼기 등으로 오감을 알아차리면 마음이 평화롭고 행복해진다.

2) 마음챙김의 기본 태도

마음챙김은 지금-여기에서 일어나는 몸의 변화와 마음 상태를 순수하게 관찰하는 것이다. 마음챙김은 어떤 대상을 생각하는 것이 아니고 그냥 주시하는 것이다. 마음챙김이 지속되기 위해서는 마음챙김하려는 동기를 가지고서 인내해야 한다. 운동선수가 근육을 강화하기 위하여 꾸준히 노력하듯이 주시하는 힘을 기르기 위해서도 꾸준하게 노력해야 한다. 지속적으로 마음챙김을 하면 보다 마음챙김이 쉬워지고 지혜로워진다. 또 건강하고 인지 기능도 좋아지면서 행복감도 높아진다.

마음챙김은 규칙적인 시간과 장소를 정해 놓고 한다. 아침에 일어나서 거실에서 30분, 잠들기 전 30분 정도로 정해 놓고 일상에서도 자주 자기의 마음을 주시한다. 마음챙김하려는 마음을 가지고 일상에서 꾸준히 노력하다 보면 자연스레 자기 신체 상태와 감정 등을 관찰하게 되어 마음이 편안해지며 마음챙김에 익숙해진다.

3) 마음챙김의 효과

마음챙김 명상은 대뇌에서 판단하고 집행하고 조절하는 전전두엽 기능 등과 관련된다(Lyvers et al., 2014). 마음챙김은 자기 몸과 마음의 상태를 떨어져서 볼 수 있어 조절하기가 쉽고 보다 상황과 상대에 적절히 대처할 수 있고, 인간관계를 좋게 한다. 또 마음챙김은 행복감을 높여 준다(Brown & Ryan, 2003). 마음챙김을 통하여 마음이 안정되고 집착이 줄어들어 행복감이 높아진다. 지속적인 마음챙김으로 '나'라는 개념인 아상(我相)을 보게 되고 '나'라는 것이 원래 없음을 알게 된다. 또 세상의 모든 것은 변하는 과정임을 체험할 수 있어 돈, 권력, 명예 등 외부 대상에 덜 집착하고 마음의 평화를 유지할 수 있다.

사람이 지금-여기에서 일어났다가 사라지는 자기 마음을 알아차리면 마음이 안정되고 맑아져서 마음속에 가라앉아 있는 불안과 분노, 욕망 등이 잘 보인다. 지금 일어나는 자기 감정을 보지 못하면 감정을 조절하지 못하여 실수할 수 있다. 그러나 자기 마음에

서 일어났다가 사라지는 생각과 감정을 그냥 '생각'과 '감정'으로 알
아차림으로써 자기를 잘 보살피고 있으며 건강하고 행복할 수 있다
(Richards, Campenni, & Muse-Burke, 2010).

📖 수업시간에 마음챙김을 배운 대학생 B군은 점심을 친구와
함께하기로 했다. 약속한 시간이 30분이 지나도 친구가 나타나
지 않았고, 전화를 해도 받지 않았다. 순간적으로 자기 몸에서
열이 나고 분노가 일어나는 것을 관찰하게 되었다. 또 '친구가
나를 무시한다.'는 생각이 일어나는 것도 주시하였다. 짧은 순간
이지만 이런 과정을 통하여 마음이 안정되면서 조금 전에는 자
신이 '무시당한다'는 자동적 사고를 하고 있음을 깨닫게 되었다.
그리고 편안한 마음으로 '친구에게 무슨 일이 있겠지.' 하면서 조
금 더 기다려 보자고 생각하였다.

마음챙김은 자존감을 향상한다. 주시하는 힘이 강해지면서 보
는 나와 보이는 나가 명확히 구분되고, 다른 사람의 태도나 상황의
변화에 덜 흔들릴 수 있고 자기를 편안하게 대한다. 지금 이 순간의
신체적 느낌과 기분, 생각을 알아차리면 그런 느낌과 기분, 생각에
따른 자동적이고 반사적인 연쇄 반응이 멈춘다(김완석, 2019). 자기의
호흡과 몸의 느낌, 감정을 떨어져서 봄으로써 바라보는 내가 강해

지고 조절력도 강해진다. 알코올 중독자가 술에 대한 갈망이 일어나더라도 그것을 알아차림으로써 조절할 수 있다.

> 📖 P씨는 알코올 문제가 있는 청년으로 술을 마시지 않은 지한 달이 되었다. 이전에는 술을 마시면 조절이 안 되고, 다른 사람에게 실수할 때도 있었다. 오랜만에 만난 친구들과 저녁 식사를 마치고 2차로 술을 마시러 가자는 권유를 받았다. P씨는 그때 지금 자기에게 일어나는 갈망을 관찰하게 되었다. 숨이 가빠지는 것을 보게 되었고 '술을 마시고 싶다.'는 욕구가 일어나는 것을 알게 되었다. P씨는 자기 감정을 알아차리자 마음이 편안해지는 것을 느꼈다. 그리고 친구들에게 "바쁜 일이 있어 미안하다."고 말하면서 집으로 발길을 돌렸다.

어떠한 상황에서도 자기의 감정이나 갈망을 잘 주시하면 마음이 편안해지면서 조절할 수 있어 대인관계가 좋아진다.

❖ 나의 생각과 감정은 바람과 같다, 파도와 같다. 어떤 조건에 의하여 일어났다가 사라지는 과정이다.

2. 자비수행의 이해

자비수행이란

　자기 마음의 그릇에 더러운 물을 담을 수 있고 깨끗한 물을 담을 수도 있다. 화가가 강물을 그릴 때 하얀 도화지 위에 푸른색의 물감으로 푸른 강물을 그릴 수 있고 검은색 물감으로 오염된 강물을 그릴 수도 있다. 또 화가가 자기가 마음에 드는 색상을 골라 밝은 그림을 선택할 수 있고 어두운 그림을 선택할 수 있듯이 자기 마음의 도화지에도 밝은 색을 칠할 수 있고 어두운 색을 칠할 수도 있다. 화가가 미움이라는 색으로 그림을 그리면 자신을 포함하여 그 그림을 보는 사람의 마음을 어둡게 할 수 있다. 반면, 사랑이라는 색으로 그린 그림은 자신뿐만 아니라 보는 사람의 마음도 따스해지게 만든다. 이처럼 자비수행은 우리의 마음을 사랑이라는 색으로 반복해서 칠하여 자기와 타인을 행복하게 한다.

자비수행은 자기로부터 시작하여 가까운 사람, 중립적인 사람, 원수에 이르기까지 그 사람의 고통이 줄어들고 행복하기를 바라는 것이다. 자기 내면을 따스한 마음으로 채우면 자기로부터 시작하여 많은 사람이 그 따스함을 느낄 수 있다.

> 📖 A씨는 등산을 하면서 산길에서 만나는 사람에게 "좋은 아침이에요!"라고 인사하였다. 그리고 속으로 이분이 고통이 없고 행복하기를 바라는 마음을 가졌다. A씨는 인사를 할 때마다 자기 기분이 더 좋아짐을 느끼게 되었다.

A씨의 사례와 같이 처음 만나는 사람이라도 그 사람이 행복하기를 바라고 그 감정을 표현하면 말하는 자기부터 편안해지고 행복하게 된다. 진정으로 다른 사람이 고통이 없고 행복하기를 바라는 마음을 가지면 대인관계의 질이 달라진다. 남에게 좋은 말을 하면 자기부터 기분이 좋아지고, 남에게 나쁜 말을 하면 자기 기분부터 나빠진다. 자신이 다른 사람에게 긍정적인 말을 자주 하면 건강도 좋아지고 대인관계도 원만해진다.

자비수행은 나로부터 시작하여 나에게 상처 준 사람에게까지 그 사람이 고통 없고 잘되기를 간절히 바라는 마음으로 한다. 자기 자비는 과거에 대한 강박적 사고를 줄이고, 외상 사건에 대한 의미를 재해석하며 외상 경험을 잘 수용하게 한다. 자기 자신에 대해 친절하고 따스하게 대하는 것이 외상 상처를 완화하며 용서를 촉진한다(김미선, 홍혜영, 2015).

📖 K씨는 운전 중에 다른 운전자가 신호도 없이 갑자기 자기 앞에 끼어들자 순간적으로 깜짝 놀라면서 화가 났다. 그때 '내가 놀랐고 화가 났구나!' 하면서 자기 감정을 알아차리자 마음이 안정되었다. 그리고 "그 사람이 바쁜 일이 있어서 그렇겠지." 하면서 그 운전자를 위하여 자비수행을 하고 싶었다. 운전하면서 '그 사람이 안전하기를.' '그 사람이 무사히 자기가 원하는 곳에 도착하기를.' '그 사람이 행복하기를.' 이 같은 말을 마음속으로 몇 차례 반복하였다. K씨는 자비수행 후에 마음이 안정되는 것을 느끼면서 남은 시간 동안 편하게 운전할 수 있었다.

모든 사람은 행복을 원한다. 자비는 다른 사람의 어려움과 고통을 염려하고 걱정하는 마음이다. 가족과 친구들뿐만 아니라 적들이라도 마찬가지이다(Dalai Lama & Chan, 2012). 내가 잘 모르는 사람에게 그 사람이 고통 없고 잘되기를 바라는 것은 사실 자기를 행복하게 한다. 다른 사람에게 향기 나는 꽃다발을 건네줄 때면 자기부터 그 꽃의 향기를 맡게 된다. 힘들수록 자비수행을 실천하면 편안해지고 세상이 따스하고 아름답게 느껴진다.

자비수행은 상대가 변화되어서 어떤 조건이 좋아져서 상대에게 자비의 마음을 보내는 것이 아니라 내가 그냥 그 사람을 위하여 자비의 마음을 냄으로써 나와 그 사람이 행복해지는 것이다. 자비수행은 화를 적극적으로 직접 드러내는 사람은 물론이고 화를 억압하여 다른 식으로 돌려 드러내는 사람에게도 화를 조절하는 데 효과가 있다(서광 스님, 2012). 회복 초기의 중독자나 비행청소년도 자비수행으로 자기를 인정하고 수용할 수 있는 힘을 얻는다.

자기에 대한 죄책감이 크거나 자기학대 경향이 있는 사람은 처음부터 자기에 대한 자비가 어색할 수 있다. 이런 경우는 자기가 좋아하는 가까운 사람부터 자비수행을 먼저 한 후에 자기자비를 할 수도 있다. 자비수행은 각자가 편하고 자연스러운 대상부터 시작한다.

자비수행의 실천

자기로부터 시작해서 자기가 고통이 사라지고 행복하기를 간절히 바라는 마음으로 속으로 혹은 소리 내어 말한다. 다음으로 가족 혹은 자신이 좋아하는 가까운 사람을 대상으로 자비수행을 한다. '그가 평온하고 행복하기를.', '그에게 고통과 슬픔이 사라지기를.' 등을 반복한다. 가까운 사람이 지금 필요한 문구가 있다면 그 문구로 자비수행을 실시한다. 만약 어떤 사람이 건강에 문제가 있다면 '그가 건강하기를.' 등으로 건강에 중심을 두어 자비수행을 실시한다. 다음에는 좋아하지도 싫어하지도 않는 중립적인 사람을 위하여 자비수행을 실시한다. '그가 평온하고 행복하기를.', '그가 고통과 슬픔이 없기를.' 등을 반복한다. 마지막으로 나에게 상처를 준 사람들을 위하여 같은 내용으로 자비수행을 실시한다.

3. 마음챙김과 자비수행의 기술

◉ **몸의 상태를 건강하게 유지하기**

명상을 잘하기 위해서는 몸이 건강해야 한다. 자기 몸 상태를 잘 살펴보고 건강을 유지해야 명상에 잘 집중할 수 있다.

◉ **남과 나를 용서하기** 자신과 남을 용서한 후에 명상을 해야 집중이 잘된다. 일어났다가 사라지는 자기의 마음을 잘 주시하기 위해서 남과 나를 용서한다.

◉ **일어나자마자 명상하기, 자기 전에 명상하기** 일어나자마자 명상하거나 기도하기, 잠들기 전에 명상하거나 기도하기 등의 습관을 가진다. 짧은 시간이라도 하루의 시작과 끝을 명상과 기도로 보

내는 것은 삶을 풍요롭게 한다.

◉ **요가하기, 몸의 움직임을 알아차리기** 요가를 하면 마음도 이완되고 몸과 마음이 조화로워진다. 요가를 하면서 몸의 움직임에 대해서 알아차리는 것은 일상에서도 마음챙김을 잘하게 돕는다.

일상에서 일어서거나 앉을 때, 식사할 때 등 어떤 행동을 할 때 자기 몸의 움직임을 명확히 알아차리면 마음이 편안해지면서 상황에 잘 대처하게 된다.

◉ **현재에 집중하기** 항상 어디에서 무엇을 하든 간에 지금-여기에 집중해야 한다. 밥 먹을 때는 스마트폰을 사용하거나 TV를 보지 않고 밥만 먹는다. 공부할 때는 공부에만 집중한다. 다른 생각이 일어나면 그것을 알아차리고 다시 지금-여기에 집중한다.

◉ **걷기 명상** 자주 걷기 명상을 한다. 걸으면서 발의 움직임을 알아차린다. 천천히 걸으면서 발의 감각을 알아차린다.

토의 주제

● 내가 마음챙김을 잘하기 위하여 어떻게 해야 하는가?

● 내 삶이 행복하기 위해서 명상을 어떻게 활용할 것인가?

12
행복한 사람

<3분 호흡명상>

지금부터 약 3분간 호흡명상을 하겠습니다.

먼저 허리를 똑바로 세우십시오.

고개는 들고, 어깨와 몸의 힘을 빼십시오.

부드럽게 눈을 감고 몇 차례 깊고 길게 호흡합니다.

이번에는 평소와 같이 호흡하면서

코끝에서 숨이 들어오고 나가는 것을 알아차립니다.

숨이 들어오면 들어오는 것을 알아차리고,

나가면 나가는 것을 알아차립니다.

중간에 어떤 생각이 떠오르면 그 생각을 알아차리며 다시 호흡에 집중합니다.

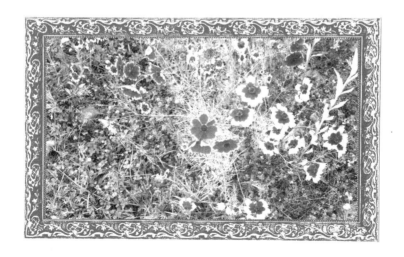

1. 행복의 걸림돌

　　지금 나의 행복에 장애되는 것이 무엇인가를 살펴보고 해결한다. 지금 경제적으로 힘든 이유가 나의 의존심 때문인지 혹은 나의 욕심 때문인지, 현실감이 부족해서인지 혹은 알코올 문제 때문인지를 생각해 본다. 그리고 이런 장애를 해결할 수 있는 대안을 탐색해 본다. 지금으로서는 해결하기 어려운 문제는 일단 있는 그대로 받아들이고 지금 내가 할 수 있는 일부터 시작한다.

　　내 몸이 있는 지금-여기에 마음이 함께해야 행복하다. 마음이 과거나 미래에 돌아다니면 행복을 느끼지 못한다. 내 몸이 있는 지금-여기에 집중해야 한다.

　　지나친 욕심이나 분노, 집착이 있으면 줄여야 한다. 자기 욕심을 비우면서 그곳을 감사한 것들로 채우는 사람은 행복하다.

　　자기를 있는 그대로 정직하게 보고 받아들여야 행복하다. "호랑이에게 물려 가도 정신만 차리면 산다."는 말이 있듯이 지금 이 상황이 괴롭고 힘들더라도 상황을 있는 그대로 받아들일 때 마음이 편안해져서 잘 대처할 수 있다(박상규, 2009).

건강 챙기기

　　신체가 건강해야 행복하다. 몸의 상태는 마음가짐에 영향을 받기에 마음가짐을 편안하게 해야 건강하다. 만약 지금 건강이 좋지 않다면 빨리 회복할 수 있도록 노력해야 한다. 감정을 잘 주시하여 편안해야 한다. 적절한 운동, 영양분 있는 음식, 충분한 수면 등이 건강을 좋게 한다.

비교하지 않기

행복한 사람은 다른 사람과 비교하기보다는 어제의 자기보다 오늘 더 나아지기를 바란다. 어제보다도 더 현명해진 자기에 만족한다. 다른 사람과 비교하면 상대적인 불행감이 일어난다. 재산이 아무리 많아도 자기보다 부자인 사람이 수없이 많을 것이며, 똑똑하다는 소리를 듣더라도 자기보다 머리가 좋은 사람이 이 세상에는 너무나 많다. 행복하면 다른 사람과의 비교가 아니라 어제의 나보다도 조금 더 나아지기를 바라는 것이다.

봄의 산에는 여러 이름의 꽃이 앞서거니 뒤서거니 하면서 꽃 피우고 있다. 매화, 산수유, 진달래, 벚꽃, 밤꽃이 피고 진다. 각각의 꽃은 저마다 아름다움과 매력을 가지고 있다.

누구나 이 세상에서 모든 것이 자기와 똑같은 사람이 아무도 없을 것이다. 유일한 존재이기에 귀중하다. 각자는 다른 꽃을 부러워하거나 무시하지 않고 나름대로 자기를 아름답게 꽃피우면 된다 (박상규, 2009). 진달래꽃은 진달래꽃대로 벚꽃은 벚꽃대로 아름답다. 진달래꽃이 벚꽃을 부러워하지 않고 벚꽃도 진달래꽃을 부러워하지 않듯이 각자가 자기 꽃을 아름답게 피울 때 많은 사람이 그 향기를 맡을 수 있다.

스마트폰 사용 잘하기

스마트폰은 현대 생활의 필수품이다. 편리하면서 유용한 반면, 사용을 조절하지 못할 경우에는 행복에 장애가 된다. 행복수업을 듣는 대부분의 학생이 "스마트폰을 많이 사용하는 것이 행복에 장애가 된다."고 하였다. 지나친 스마트폰 사용은 지금 자기가 해야 할 일을 못하게 하고 삶의 질을 떨어뜨린다. 아침에 일어나서부터 스마트폰을 찾고 잠들기 전까지 스마트폰을 사용하는 등 일상에서 스마트폰을 지나치게 의지하면 스마트폰의 노예가 된다. 불행을 줄이기 위해서는 스마트폰 사용을 조절해야 한다. TV를 시청하는 데 많은 시간을 보내는 것도 마찬가지이다.

융통성 있는 사고

욕심이나 집착에 빠지지 않고 좀 더 유연하게 생각해야 한다. 지금 자기가 하는 생각만 옳다고 여기고 집착하지 않아야 한다. 지금 이 상황을 총체적으로 보고 상황에 맞게 '생각'이라는 도구를 사용할 수 있어야 한다. 과거에는 그 방법이 최선의 생각이었겠지만, 시대와 환경이 바뀌었는데도 과거의 생각이나 방법을 고수하면서 창살 없는 감옥에서 사는 사람이 많다(이동식, 2008). 지금-여기의 상황에 맞게 유연하게 사고하는 사람이 건강한 사람이다.

중용적 삶의 태도

욕심은 발전의 동기가 되지만 지나칠 때에는 불행을 초래한다.

현명한 사람은 어느 정도에서 만족한다. 지금의 처지에 만족하면서 주변의 힘든 사람에게 관심을 가지고 배려할 때 마음이 평화롭다. 지금 이 상황에서 중용적 태도가 무엇일까를 생각하고 행동하면 후회가 적다.

상황이나 상대방을 잘 파악하지 못하고 자기가 보고 싶은 대로 보거나, 욕심대로 행동하면 불행하다. 자기가 만든 개념의 틀에 집착하는 것, 인정받고자 하는 것도 욕심이다. 지혜로운 사람은 지금 이 상황을 잘 파악하여 적절한 행동을 한다.

선택과 책임

자기 생각이나 행동은 자기가 선택하고 책임진다. '남들이 나를 행복하게 해 줄 것이다.' 혹은 '이런 조건이 되면 행복할 것이다.'고 생각하는 것은 자존감을 저하시킨다. 누가 무엇이라고 말하든 최종 선택은 자기가 한다. 남에게 책임을 미루어서는 발전이 없다.

오늘 자신이 불행한 것이 자신만의 책임으로 볼 수 없지만 앞으로의 나의 행복은 나에게 달려 있다. 지금 나의 여건이 좋지 않더라도 내가 행복하면 된다.

📖 B씨는 아침 일찍 일어나 출근하면서 마음이 기쁘다. 옛날에는 돈을 많이 벌면 행복할 거라 생각하고 돈을 벌기 위해서 무척

이나 노력했다. 생활비를 아끼고 부동산 정보를 찾아다니면서 자기 이름으로 된 조그마한 가게를 가지게 되었다. 그러나 기쁨은 오래 가지 않았다. '사람이 많이 다니는 길목에 좀 더 큰 가게를 가지면 돈도 더 많이 벌고 행복할 것이다.'고 생각하면서 열심히 일하였다.

어느 날 문득 자신이 큰 가게를 가지더라도 행복이 오래가지 않을 것이라는 통찰이 일어났다. 무엇이 이루어져서 행복한 것이 아니고 자기 욕심과 집착을 버릴 때 행복하다는 것을 알게 되었다. 또 행복은 지금의 처지에서 만족하는 것임을 자각하게 되었다. 조그마한 가게를 운영하지만 가게를 방문하는 손님들이 기분 좋은 쇼핑을 하면서 행복해하는 모습을 보는 것이 즐겁다. B씨는 행복이 어떤 조건이 되어서 생기는 것이 아니라 지금-여기에서 자신이 만족하면서 살아가는 태도임을 자각하였다.

누구나 지금 자신이 처한 환경에 만족하면 행복할 수 있다. 대학교수로서 나는 수업시간에 학생들이 새로운 것을 배워서 기뻐하는 것을 보고 행복했다. 몸이 피곤한 날도 학생들과 수업을 하다 보면 기분이 좋아지고 피로가 사라지는 경험을 한 적이 많다. 또 어느날은 학생들과 함께 식사한 적이 있는데, 국밥을 같이 먹으면서 학생들이 맛있어하고 행복해하는 모습을 보고 내가 더 행복함을 느꼈다.

2. 지금 - 여기서 행복하기

내 몸이 있는 지금 - 여기서 행복하기

행복한 사람은 지금-여기서 행복을 느끼는 사람이다. 맛있는 음식을 미루다가 상해서 못 먹을 수 있듯이 '나중에 행복해야지.' 하면서 미루지 말고 지금-여기서 행복하기 바란다.

미루는 것은 행복에 장애가 된다. '나중에 어떤 사람이 되어야' '어떤 조건이 되어야' 행복한 것이 아니고 지금-여기서 만족하면 행복하다. 어떤 처지에서든지 감사하면 행복하다. 부처님도 이미 지나간 것을 두고 슬퍼하거나 아직 오지 않는 것을 동경하는 사람은 푸른 갈대가 잘려서 시들어 가는 것 같고, 지나간 것에 슬퍼하지 않고 오지 않는 것을 동경하지 않으며 현재에 얻은 것으로만 삶을 영위하는 자는 행복하다고 하였다(미산 외, 2010). 행복한 사람은 지금-여기에 깨어서 만족할 줄 안다.

지금-여기에서 자기주시를 하면 마음이 평온해진다. 우리의 기분이나 감정은 구름과 같이 일어났다 사라지는 것임을 깨달으면 집착이 줄어든다. 노자는 『도덕경』 37장에서 '무위이무불위(無爲而無不爲)', 즉 '무위로 일하면 이루어지지 않음이 없다.'고 하였다. 지속적인 자기주시는 자기 욕심과 집착과 같은 인위를 보고 조절한다. 욕심이나 집착을 줄이면 지금-여기서 자기가 해야 할 일을 잘할 수 있고 행복하다.

마음이 미래에 대한 걱정으로 가득 차 있으면 '걱정하는구나!'

하면서 알아차리고 지금-여기서 해야 할 일을 하는 것이다. '지금이 가장 좋은 날이다.'라고 생각하자. 80대의 어떤 노인이 과거 젊은 시절을 그리워하면서 지금 이 시간을 낭비한다면 불행하다. 봄의 산도 아름답지만 겨울의 산도 아름답다. 20대는 20대의 멋이 있고, 80대는 80대의 멋이 있다.

만족하면서 살기

자기의 욕심과 집착을 줄이면서 살아가야 행복하다. 무엇을 성취하여 얻는 행복감도 중요하지만 자기의 욕심과 집착을 알아차리고 벗어 버리는 무위의 삶을 사는 것이 행복이다. 지혜로운 사람은 지금 자신이 가진 것에 만족할 줄 안다.

석명 한주훈 선생은 "지금-여기서 자기와 현실을 잘 받아들이고 만족할 때 행복이 온다."고 하였다. 주어진 자기 상황을 있는 그대로 받아들이고 만족하는 것이 행복이다. '내가 ~하면 행복하겠지.' 하는 생각보다는 지금의 처지에 만족할 줄 알면 된다. 누구나 자기 처지에 만족하지 못하고 무리하게 욕심을 내다 보면 일을 그르치게 된다.

노자는 소박한 삶의 만족을 강요하였다."만족함을 알면 욕되지 않고, 멈춤을 알면 위태하지 않으니 장구할 수 있다."고 하였다. "만족함을 알지 못한다(不知足)."는 것은 재물, 권세, 감각적 욕망을 적절히 조절하지 못하는 것이다. 인간이 욕망을 가질수록 더 추구하게 되고 이러한 외물의 유혹에 빠져 살면 결국은 자신을 불행하게 한다(박승현, 2016).

지금 내가 행복하다고 믿기

'이만해도 행복하다.'고 생각하면 행복하다. 건강이 나쁘다면 '점점 건강이 나아지고 있다.' 가난하다면 '부자가 되어 가는 중이다.'고 믿고 행동한다. 가능한 한 긍정적으로 생각하고 행동하면 주변 환경도 서서히 달라진다.

자기의 본성이 부처, 신성임을 자각하기

힘들 때일수록 고통의 의미를 찾고, 고통을 신이 주시는 선물로 받아들이면 평온해진다. 항상 자기 내면에 '참나', '신성'이 존재함을 잊지 않아야 한다. 돈이 없어 힘들어하던 사람이 우연히 자기 호주머니에 값비싼 보석이 들어 있다는 것을 발견하면 마음이 든든하듯이 어디에서나 자기 내면에 '참나', '신성'이 빛나고 있음을 자각하면 삶이 평온하다. 구름 너머에 달이 항상 빛나고 있듯이 어디서나 신이 함께함을 믿고서 담담히 자신의 인생을 살아가라.

감사하기

지금 자신이 누리는 감사한 것들을 찾아보고 감사하라. 이 지구라는 행성에서 내가 살아 있다는 것, 아직 게임이 끝나지 않았다는 것, 건강하다는 것, 한 끼 밥을 굶지 않았다는 것, 가족과 친구가 옆에 있다는 것이 고맙고 감사한 일이다. 감사는 내가 살아 있는 이

곳에서 찾아야 한다. 집착과 욕심이 흩어지면 감사가 보인다.

알코올 중독자들은 회복할수록 주변에서 감사한 것을 더 찾아내고 감사를 표현한다. 같은 상황에서도 감사할 줄 아는 사람은 행복하다. 현명한 사람은 지난 과거를 아쉬워하거나 미래에 대해 기대하지 않고 지금-여기서 감사할 줄 안다. 심한 폭풍우를 만나도 그 속에서 즐길 수 있고 감사할 수 있다. '내일부터 행복하겠다.'고 생각하는 사람에게는 내일의 행복이 결코 오지 않을 수 있다. 처지가 어떠하든 지금-여기서 만족하고 감사해야 한다. 음식도 많이 먹어 본 사람이 더 잘 알듯이, 행복도 체험할수록 더 행복해진다.

성장하기

"공부하다가 죽으라."는 혜암 스님의 말씀이 있다. 살아 있는 한 계속 공부해야 한다. 지금 자신이 겪는 모든 것을 수행의 계기로 삼아야 한다. 아직 많이 어리석지만 어제의 나보다는 그래도 조금 현명해졌다면 그런 자신을 격려해야 한다. 조금씩 성장함을 알아차릴 때 희열감을 갖는다. 죽을 때까지 수행하면서 성장해 가는 과정이 행복이다.

봉사하기

성당에 다니는 친구들과 노인요양원에서 봉사한 적이 있다. 친구들이 성의를 다해 청소하는 것을 보고서 배울 점이 많았다. 봉사를 하면 자기부터 행복해진다. 자원봉사활동에 참여한 사람들은 참여하지 않는 사람들에 비하여 삶의 질이 유의하게 높은 것으로 나타났다(정미화, 박종, 류소연, 2018).

다음은 대학교에서 봉사에 참여한 학생들이 밝힌 소감이다.

> 📖 봉사가 처음에는 부담이 되고 힘들지만, 봉사가 나를 더 성장하게 하였다는 것을 느꼈다.
>
> 📖 봉사란 남을 위한 내 희생이라고 생각했는데, 봉사로 인해 내가 한 칸 더 성장할 수 있었다. 봉사란 그저 도움만 주는 것이 아닌 삶을 배우는 시간이다.
>
> 📖 봉사를 하면서 나로 인해 작은 행복이라도 느꼈던 사람들을 보면서 큰 기쁨을 느꼈다. 봉사를 하면서 항상 느끼는 것은 베풀러 간 봉사이지만 더 많은 것을 얻고 온다는 것이다.

주변에 힘든 사람의 처지를 공감하며 조금이나마 도움을 주려는 마음이 자기를 행복하게 한다. 가진 것이 없어도 다른 사람에게 해 줄 것이 참으로 많다. 자신이 할 수 있는 것을 하면 된다. 순수한 그 마음이 상대에게 전달된다. 진정으로 그 사람을 존중하면서 공감하는 말 한마디가 자살을 생각한 사람의 마음을 돌리게 하고 살아갈 용기를 갖게 한다.

조심해야 할 것은 자신이 다른 사람을 도운 후에는 도와주었다는 생각에 얽매이지 않아야 한다. 『금강경』에도 "착한 일도 집착하지 않아야 한다."는 말이 있다. 도와주었다는 생각에 집착하면 복이 줄어든다. 남을 도울 때 자기를 돕는 행복을 느낀다.

행복한 습관 가지기

불행과 행복도 습관에 달려 있다. 걱정만 하는 사람은 걱정에 중독되어 있다. 같은 처지에서도 어떤 사람은 불행하고 다른 사람은 행복할 수 있다. 생각이 감정과 행동에 영향을 주기에 긍정적인 사고를 해야 한다.

매일 아침 일어나서는 짧은 시간이라도 기도와 명상을 한다. 기도와 명상으로 시작하면 하루의 삶이 평온하다. 기도와 명상이 끝나면 오늘 하루의 일정을 계획하는 습관을 가져야 한다.

새벽이나 아침 시간을 잘 활용하는 습관은 자기발전에 기여한다. 독서, 글쓰기, 운동, 악기 연주, 명상 등을 지속하면 성취감을 가지며 자존감이 높아진다. 일상생활을 할 때도 자기 행동과 감정을 알아차리면서 행동하면 마음이 편안해지고 주변 사람들과도 잘 어울릴 수 있다.

몸의 자세와 태도가 마음가짐에 영향을 준다. 의식적으로 척추를 똑바로 세우고 가슴을 앞으로 내밀면서 몸의 힘을 빼고 서거나 앉는 자세가 마음을 바로잡아 준다. 얼굴 표정도 온화하게 하면서 몸의 힘을 빼야 한다.

　잠자기 전 한 시간 정도부터는 스마트폰이나 TV를 보지 않는다. 그 대신에 하루를 정리하면서 감사 기도를 하고 일기를 쓰는 것이 좋다. 성경이나 불경 등 경전을 읽고 잠을 청하면 마음이 편안하고 아침에 일어나서도 기분이 좋아진다.

　행복을 아는 사람은 건강을 잘 유지하면서 지금의 처지에 만족하고 감사하면서 살아가는 사람이다.

❖ 행복은 지금−여기에 집중하면서 만족하게 사는 것이다.

3. 지금 – 여기서 행복하기의 기술

◉ **스마트폰 사용 줄이기** 지나친 스마트폰 사용은 신체 건강과 정신건강 그리고 행복을 앗아간다. 스마트폰 사용을 조절할 수 있어야 행복하다. 특히 잠자기 전까지 스마트폰을 사용하는 습관은 신체 건강을 나쁘게 하면서 삶의 질을 떨어뜨린다.

◉ **TV 시간 줄이기** TV 시청에 너무 많은 시간을 보내는 것은 시간 낭비이다. 독서를 하거나 가족이나 친구와 대화를 하는 시간을 많이 가져야 한다.

◉ **감사하기** 자주 감사를 표현하면 행복하다. 지금 자기의 처지를 받아들이고 만족하고 감사할 줄 알아야 한다. 신에게, 가족에게, 친구에게, 이웃에게 감사하면 행복하다. 감사 일기와 감사 편지를 자주 쓰면 행복감이 높아진다. 하루에 적어도 세 가지 이상 감사한 것을 찾아 적어 보자.

◉ **몰입하기** 지금 자신이 할 수 있는 것 중에서 몰입할 수 있는 것을 찾아서 몰입해 본다. 술이나 담배, 마약 등이 아닌 건전한 일에서 몰입할 수 있는 것을 발견하고 자주 몰입하는 사람은 행복하다.

◉ **마치 내가 행복한 것처럼 행동하기** 지금 내가 바라던 것이

잘 이루어진 것처럼 행동하면 기분이 좋아진다. 마치 행복한 사람처럼 웃고 말하고 걷고 살아가면 행복하다. 힘들 때일수록 행동을 바꾸어 본다.

◉ **마음챙김하기** 지금-여기서 일어나는 자기의 마음을 떨어져서 본다. 일상에서 자기의 마음을 주시함으로써 마음이 편안하고 행복하다.

토의 주제

○ 나의 행복의 장애물은 무엇인가?

○ 지금-여기서 내가 행복하기 위해 필요한 기술에는 어떠한 것이 있는가?

❖ 지금–여기에 깨어 있는 행복은 영원한 행복이다.

부록

'행복수업'의 연구 결과

56명의 학생이 본 연구에 참여하였고, 수업참여 집단과 비교
집단으로 나뉘어 각각 15주의 해당 수업을 받았다. 〈표 1〉에서 보
듯이 행복수업을 받은 집단이 다른 수업을 받은 비교집단에 비해
15주 후 자아존중감이 통계적으로 유의미하게 증가하였다. 그리고
수업참여 집단은 행복수업을 받은 후 종강 시점에서 행복감과 자
아존중감이 모두 통계적으로 유의미하게 증가하였다(배성훈, 박상규,
2019).

<표 1> 수업참여 집단과 비교집단의 평균과 표준편차

| | 실험집단 (n = 28) | | | | 비교집단 (n = 28) | | | |
| | 사전 | | 사후 | | 사전 | | 사후 | |
	M	SD	M	SD	M	SD	M	SD
행복감	29.286	4.162	30.964	4.004	27.286	3.609	27.536	5.196
자아존중감	30.429	4.910	32.250	4.735	27.821	4.338	26.750	5.001

참고문헌

강경아, 한숙정, 김신정, 임영숙(2018). 진행성 및 말기 암 환자 대상의 의미
중심 중재에 대한 통합적 고찰. 종양간호연구. 18(4), 173-187.

강선경, 문진영, 양동현(2016). 마약중독에서 탈출한 회복자들의 자기 삶 재
건에 대한 연구—질적 사례접근—. 재활복지. 20(1), 87-111.

강주희, 박종효(2014). 가정폭력 피해여성을 위한 용서 집단상담 프로그램
개발 및 효과성 평가. 상담학연구. 15(6), 2245-2267.

구제선(2009). 행복은 심리적 자원을 형성하는가. 한국심리학회지: 사회 및 성
격. 23(1), 165-179.

권석만(2014). 이상심리학의 기초. 서울: 학지사.

권혜수, 최윤정(2017). 청소년의 자존감 특성에 따른 잠재유형 탐색 및 유형
별 정신건강 기능의 차이. 상담학연구. 18(5). 169-190.

김경희, 이희경(2015). 대인관계 유능성에 대한 긍정정서의 영향: 경험 회피
와 자기자비, 인지적 공감의 경로 탐색. 상담학연구. 16(6), 83-107.

김균무, 조계화(2013). 의과대학생의 행복에 관한 인식: Q방법론적 접근. 한
국의료윤리학회지. 16(3), 361-375.

김명소, 김혜원, 차경호, 임지영, 한영석(2003). 한국 성인의 행복한 삶의 구
성요인 탐색 및 척도개발. 한국심리학회지: 건강. 8(2), 415-442.

김미선, 홍혜영(2015). 외상 정서와 용서 간의 관계에서 자기–자비의 조절
효과. 상담학연구. 16(2), 77-96.

김여흠, 이윤주(2013). 대학생의 행복감에 영향을 미치는 사회불안, 공감, 사
회적 기술, 분노표현양식, 대인관계만족에 대한 구조 방정식 모델 검
증. 상담학연구. 14(3), 1586-1604.

김유숙, 박승호, 김충희, 김혜련(2008). 자기실현과 정신건강. 서울: 학지사.

김완석(2019). 마인드 다이어트. 서울: 학지사.

김인자(1997). 사람의 마음을 여는 열쇠 8가지. 서울: 사람과 사람.

김정호(2016). 마음챙김 명상 매뉴얼. 서울: 솔과학.

김찬호(2017). 돈의 인문학: 머니 게임의 시대 부(富)의 근원을 되묻는다. 서울: 문학과 지성사.

김춘이(2019). 대학생의 삶의 의미와 행복도가 사회적 회피와 불안에 미치는 영향에 관한 연구. 사회사상과 문화, 22(2), 387-413.

김화선, 노인숙, 홍지명(2018). 대학생의 스트레스 대처방식과 대인관계 능력의 관계. 인문사회 21, 9(5), 771-786.

남회근(2019). 중용강의(송찬문 역). 서울: 마하연. (원저 출판 2015년).

마가 스님, 이주영(2008). 고마워요 자비명상. 서울: 불광출판사.

문요한(2019). 이제 몸을 챙깁니다. 서울: 해냄출판사.

미산, 최연철, 박영환, 강상진, 이진경, 권석만(2010). 행복, 채움으로 얻는가, 비움으로 얻는가. 서울: 운주사.

박상규(2009). 행복 4중주. 서울: 이너북스.

박상규(2014). 정신건강론. 서울: 학지사.

박상규(2016). 중독과 마음챙김. 서울: 학지사.

박상규, 신성만 외(2018). 중독상담학 개론. 서울: 학지사.

박상규(2019). 중독전문가 박상규 교수가 전하는 스마트폰에 빠진 우리 아이 구출하기. 서울: 학지사.

박승현(2016). 노자 철학에 있어 명상과 치유. 유교사상문화연구, 63, 197-221.

박원자(2019). 내 인생을 바꾼 108배. 서울: 나무를 심는 사람들.

박종주(2018). 익명의 알코올 중독자들 모임의 12단계 프로그램에 스며 있는 고해성사의 영성. 신학전망, 202, 128-169.

박찬민, 고영건(2014). 대학생의 방어기제 유형에 따른 멘탈 휘트니스 긍정

심리상담 및 치료 프로그램의 효과. 한국심리학회지: 건강, 19(3), 673-693.

박희수, 문승현(2014). 대학생의 자아존중감과 사회적 지지가 행복에 미치는 영향—학교생활적응의 매개효과. 한국자치행정학보, 28(3), 197-218.

배성만(2015). 한국 성인의 대인관계 유능성 척도의 개발과 타당화 연구. 상담학연구, 16(3), 51-65.

배성훈, 박상규(2019). 행복수업이 대학생들의 행복감과 자아존중감에 미치는 영향. 복지논총, 14, 15-30.

서광 스님(2012). 치유하는 불교 읽기. 서울: 불광출판사.

서영숙, 서경현(2017). 청소년의 종교성과 심리적 웰빙 간의 관계: 삶의 의미 및 삶에 대한 기대의 매개효과를 중심으로. 청소년학연구, 24(2), 277-296.

서장원, 권석만(2015). 고통 감내력과 심리장애: 경험적 연구 개관. 한국심리학회지: 일반, 34(2), 397-427.

송차선(2018). 곱게 늙기. 서울: 샘터사.

신지은, 최혜원, 서은국, 구재선(2013). 행복한 청소년은 좋은 시민이 되는가? 긍정 정서와 친사회적 가치관 및 행동. 한국심리학회지: 사회 및 성격, 27(3), 1-12.

아신 빤딧짜 스님(2018). 11일간의 특별한 수업. 서울.

윤홍균(2016). 자존감 수업. 서울: 심플라이프.

이계윤, 송현종(2013). 대학생들의 운동참여가 심리적 안녕감, 대학생활만족, 행복지수에 미치는 영향. 한국체육학회지, 52(2), 95-105.

이동식(1997). 현대인의 정신건강. 서울: 도서출판 한강수.

이동식(2008). 도정신치료입문. 서울: 도서출판 한강수.

이승호(2018). 용서하는 인간—뇌교육적 인간학을 위한 시론. 선도문화 25, 117-144.

이윤주(2011). 행복해지기 위한 대학생의 노력. 아시아교육연구, 12(2), 63-84.

이태형(2018). 인생 너무 어렵게 살지 마세요. 서울: 학지사.

이하원, 박홍석(2017). 대학생의 인성과 정신건강 간의 관계. 교육과학연구, 48(2), 115-139.

장우심(2010). 용서 프로그램이 여성 노인의 분노, 불안, 우울에 미치는 영향. 한국노년학, 30(1), 109-126.

장현갑, 변광호(2005). 몸의 병을 고치려면 마음을 먼저 다스려라. 서울: 학지사.

정미영(2013). 삶의 의미의 두 요인에 관한 연구: 의미 추구와 의미 발견의 기능과 효과. 한국기독교상담학회지, 24, 1, 153-180.

정미화, 박종, 류소연(2018). 노인의 자원봉사 활동 참여와 건강 관련 삶의 질과의 관련성. 농촌의학지역보건, 43(1), 1-8.

정철영(2018). 행복한 자아실현을 위한 영성지능 척도 개발 및 타당화. 한국엔터테인먼트산업학회논문지, 12(4), 257-265.

조아라, 정영숙(2012). 노인의 감사와 성숙한 노화 및 주관적 안녕감 간의 관계. 한국심리학회지: 발달, 25(4), 67-87.

조유림, 박순아(2018). 간호대학생의 가치관의 명확성과 행복 간의 관계. 인문사회 21, 9(4), 209-220.

차경남(2016). 인문학으로 만나는 몸공부. 서울: 글라이더.

최삼욱(2017). 행위중독. 서울: 눈출판그룹.

최승혜, 이해영(2013). 대학생의 취업스트레스에 영향을 미치는 요인-신체증상, 우울, 불안, 자아존중감을 중심으로. 한국콘텐츠학회논문지 13(12), 808-816.

최희철(2013). 대학생의 생활스트레스가 정신건강에 미치는 영향에 있어서 영성적 탄력성의 조절효과. 교회사회사업, 22, 43-70.

퇴옹 성철(2018). 이 뭐꼬. 경남: 도서출판 장경각.

한정연(2008). 대학생의 문화적 가치관 유형과 자기통제력이 주관적 안녕감에 미치는 영향. 숙명여자대학교 대학원. 석사학위 논문.

현미자(2012). 삶의 의미를 찾기 위한 자살 위험군 청소년 연극치료 사례 연구. 연극예술치료연구, 2, 121-152.

홍구화(2013). 용서에 영향을 미치는 요소들: 세 가지 사례를 중심으로. 복음과 상담, 21, 352-372.

홍성민(2019). 신부님 저도 중독인가요? 서울: 바오로딸.

홍주연, 윤미(2013). 중년여성의 영성이 행복과 우울에 미치는 영향. 한국심리학회지: 여성, 18(1), 219-242.

황매향, 최희철, 임효진(2016). 청소년기의 또래애착, 자존감, 삶의 만족 사이의 종단적 관계. 아시아교육연구, 17(3), 195-220.

황재원, 김계원(2009). 대학생의 행복추구 경향과 주관적 안녕감과의 관계. 상담학연구, 10(5), 57-71.

American Psychiatric Association (2013). *Diagnostic and Statistical Manual of Mental Disorders-5th edition(DSM-5)*. Washington, DC: Author.

Brown, K. W., & Ryan, R. M. (2003). The benefits of being present: Mindfulness and its role in psychological well-being. *Journal of Personality and Social Psychology, 84*(4), 822-848.

Clear, J. (2019). 아주 작은 습관의 힘(이한이 역). 서울: 비즈니스북스. (원저 출판 2018년).

Dalai Lama, H, H. & Chan, V. (2012). 용서(류시화 역). 서울: 오래된 미래. (원저 출판 2004년).

Diener, E., & Diener, M. (1995). Cross-cultural correlates of life satisfaction and self-esteem. *Journal of Personality and Social Psychology, 68*(4), 653-663.

Frankl, V. E. (2017). 빅터 프랭클의 삶의 의미를 찾아서(이시형 역). 서울: 청아

출판사. (원저 출판 1988년).

Hill, C. E. (2017). Therapists' perspectives about working with meaning in life in psychotherapy: A survey. *Counseling Psychology Quarterly, 30*(4), 373-391.

Hitori, S. (2017). 부자의 관점(이지현 역). 서울: 칼라북스. (원저 출판 2012년).

Lyvers, M., Makin. C., Toms, E., Thorberg, F. A., & Samios, C. (2014). Trait mindfulness in relation to emotional self-regulation and executive function. *Mindfulness, 5*(6), 619-825.

Linn, D., Linn, S. F., & Linn, S. J. M. (2018). 무엇을 위해 사는가(김인호, 장미희 역). 서울: 성바오로. (원저 출판 1999년).

Peterson, C., Park, N., & Seligman, M. E. P. (2005). Orientation to happiness and life satisfaction: The full life versus the empty life. *Journal of Happiness studies, 6,* 25-41.

Richards, K. C., Campenni, C. E., & Muse-Burke, J. L. (2010). Self-care and well-being in mental health professionals: The mediating effects of self-awareness and mindfulness. *Journal of Mental Health Counseling, 32*(3), 247-264.

Seligman, M. E. P., Steen, T. A., Park, N., & Peterson, C. (2005). Positive psychology progress: Empirical validation of Interventions. *American Psychologist, 60*(5), 410-412.

Smith , J. E., & Meyers, R. J. (2009). 중독자를 치료로 이끄는 가족훈련접근(유채용, 박소연, 손해인 역). 서울: 용의 숲. (원저 출판 2004년).

저자 소개

박상규(Sang-Gyu, Park)

가톨릭꽃동네대학교 상담심리학과 교수
충북도박문제관리센터 운영위원장
경찰청 마약범죄 수사 자문위원
한국중독포럼 공동대표
전) 한국중독심리학회 회장
전) 한국중독상담학회 회장
전) 한국도박문제관리센터 이사장

〈주요 저서 및 역서〉

숲치료 이야기(공저, 학지사, 2020)
알코올 중독자 내 안의 또 다른 나(공저, 학지사, 2019)
스마트폰에 빠진 우리 아이 구출하기(학지사, 2019)
중독상담학개론(공저, 학지사, 2018)
중독의 이해와 상담 실제(2판)(공저, 학지사, 2017)
아들러심리학에 기반을 둔 초기 회상(공역, 학지사, 2017)
중독과 마음챙김(학지사, 2016)
중독상담(공저, 박학사, 2015)
상담학개론(공저, 학지사, 2015)
정신건강론(학지사, 2014)
병적 도박의 치료와 임상지침(공역, 학지사, 2012)
행복 4중주(이너북스, 2009)
정신재활의 이론과 실제(학지사, 2006)
마약류 중독자를 위한 자기 사랑하기 프로그램(학지사, 2003)

행복수업
Happiness Class

2020년 4월 10일 1판 1쇄 발행
2021년 6월 30일 1판 2쇄 발행

지은이 • 박상규
펴낸이 • 김진환
펴낸곳 • (주) **학지사**
　　　　04031 서울특별시 마포구 양화로 15길 20 마인드월드빌딩
대표전화 • 02)330-5114　　　팩스 • 02)324-2345
등록번호 • 제313-2006-000265호

홈페이지 • http://www.hakjisa.co.kr
페이스북 • https://www.facebook.com/hakjisabook

ISBN 978-89-997-2101-4 03180

정가 13,000원

이 도서의 국립중앙도서관 출판시도서목록(CIP)은 서지정보유통지
원시스템 홈페이지(http://seoji.nl.go.kr)와 국가자료공동목록시스템
(http://www.nl.go.kr/kolisnet)에서 이용하실 수 있습니다.
(CIP 제어번호: CIP2020013929)

출판 · 교육 · 미디어기업 **학지사**

간호보건의학출판 **학지사메디컬** www.hakjisamd.co.kr
심리검사연구소 **인싸이트** www.inpsyt.co.kr
학술논문서비스 **뉴논문** www.newnonmun.com
교육연수원 **카운피아** www.counpia.com